결혼에 얽힌 생생한 수기

햇빛과 소낙비

유인자 제2수필집

문학공원 산문선 80

결혼에 얽힌 생생한 수기

햇빛과 소낙비

유인자 제2수필집

나는 그 순간, 딸이 목사님의 딸이라는 사실
다시금 떠올렸다. 신앙과 사랑, 진실에 대한
믿음을 잃지 않는 그 마음이 참 고마웠다.

문학공원

책을 펴내며

나는 수없이 울고 웃으며 여기까지 걸어왔습니다. 눈물은 삶의 진실을 비추는 거울이었고, 고통은 사람을 깊게 만드는 스승이었습니다.

사랑도, 배신도, 외로움도… 모두 나를 쓰게 했고, 그래서 살아 있게 했습니다. 내가 겪은 작은 이야기들이 누군가에게는 위로가 되고, 넘어지지 않게 손을 내미는 문장이 되기를 소망합니다.

삶은 아프지만, 그래도 아름다우니까요. 그 믿음 하나로, 나는 오늘도 글을 씁니다.

2025년 여름

유 인 자

[자시(自詩)]
그날의 커피잔 위에 떨어진 진실 하나

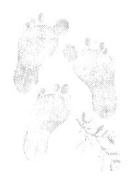

아침 가게는 손님으로 붐볐고

엄마는 바빠, 혼자서 밀려든 날들을 막고 있었다

나는 뉴욕으로 간다고 했다

작은 진실 하나 확인하러 가는 길

그날 저녁, 커피 두 잔과 마주한 침묵 속

나는 형사처럼, 너를 바라보았다

너는 말했지

고모부의 보석상에서 시작한 삶,

서울에서 받은 금메달,

그리고 사라진 아내, 사망신고 없는 사연까지

그러나 나는 주님의 말씀처럼, 진실만을 따랐다
호적초본을 돌려주고 너의 눈빛에 답하지 않았다

딸과 마시는 따뜻한 커피 속엔
후회의 그림자가 내려앉고
사랑은 더 이상 연민이 아니며
위선 위에 집을 지을 수 없다는 걸 깨달았다

사탄은 가장 연약할 때 문을 두드리지만
나는 문을 걸어 잠갔다
그리고 기도했다
그대가 부인과 아이들 곁으로 돌아가기를
거짓 없이, 사랑으로 살아가기를

나는 누구의 피해자도 아니었다
나는 지켜야 할 이름,

엄마라는 이름으로
목사님의 딸이라는 이름으로
내 믿음과 내 고백을 지켜냈다

누군가 또다시 속지 않기를
공짜 저녁 한 끼에 인생을 저당 잡히지 않기를
나는 내 체험을 내어 놓는다
부끄러움이 아니라 빛이 되기를 바라는 마음으로

그리고 오늘도
커피잔 속으로, 작은 평화를 부어 넣는다
진실은 쓰지만 그 뒤에 오는 평안은
이 세상 어떤 다이아몬드보다도 반짝이기에

2025년 여름

유 인 자

[서 문]

진실을 말할 수 있는 용기

윤 영 미 미동부한인문인협회 회장

유인자 시인의 수필은 단순한 회고가 아니라, 진실을 향해 끝없이 스스로를 밀어붙이는 내면의 고백이자, 인간성과 신앙, 그리고 윤리의 경계를 질문하는 뜨거운 삶의 기록이다.

그녀의 수필 속에는 이민자 사회의 정서, 여성으로서의 자기보존 본능, 그리고 한국적 정서와 기독교 신앙의 뿌리가 교차하며 복합적인 인간상을 만들어낸다. 특히 미스터 김과의 관계를 통해 드러나는 인간의 기만, 진실, 회복에 대한 주제는 단순한 연애담이나 결혼 실패담으로 읽히기엔 너무도 묵직하다.

이 수필에서 돋보이는 점은 주인공 '은희'가 결코 피해자의 위치에 머물지 않는다는 것이다. 그는 끊임없이 묻고 의심하고 조사하며, 마침내 '사랑이라는 이름으로 위장된 위선'을 스스로 드러낸다. 이 과정은 한 여성의 성장 서사이자, 진실을 지켜내는 인간의 고독한 결단의 서사로 읽힌다.

문체는 투박한 듯하지만 오히려 그 진솔함이 독자를 설득한다. 문장이 문학적으로 세공되지 않았기에 오히려 생생하고, 그 생생함이 인생의 진실과 직결된다. 콜롬보 형사에 자신을 빗대어 말하는 유머도 인상적이며, 이는 절박함 속에서도 유쾌함을 잃지 않는 작가의 내면을 보여준다.

또한 가족과의 대화, 특히 딸과의 허심탄회한 대화를 통해 세대를 넘어 이어지는 여성의 목소리가 등장하고, 엄마로서의 회한과 딸로서의 고백이 교차하며, 수필은 단지 개인의 경험을 넘어서 '여성의 윤리'와 '이민자의 지혜'라는 공동체적 가치로 확장된다.

끝으로, 유인자 수필은 독자에게 말한다.

"삶이란 위선과 거짓 속에서도 진실을 향해 나아가는 길이며, 주님 안에서 비로소 용서와 회복이 가능하다."고.

그 신념은 비단 신앙인의 이야기로만 읽히지 않는다.

진실을 외면하지 않는 인간의 고귀한 선택에 대한 찬사이자, 고통 속에서도 끝내 사랑을 버리지 않는 사람에 대한 깊은 존경이다.

2025년 여름

미동부한인문인협회 회장 윤 영 미

차례

책을 펴내며 … 5
자시 - 그날의 커피잔 위에 떨어진 진실 하나 … 6
서문 - 진실을 말할 수 있는 용기 … 9

1부.
전화벨 너머의 약속

속지 않는 데이트 … 18

햇빛과 소낙비, 그날의 인터뷰 · 1 … 22

햇빛과 소낙비, 그날의 인터뷰 · 2 … 26

전화번호 한 장의 인연 … 30

금강산 식당에서의 만남 … 34

불빛 아래의 두 번째 만남 … 39

전화벨 너머의 약속 … 44

2부.
흔들리는 마음

그날의 전화는 왜 그리 많았을까 … 52

아이들 사진과 흔들리는 마음 … 59

신영이와 엄마의 마음 … 64

침묵의 얼굴 … 68

어둠이 깃든 얼굴 … 73

호적등본을 얻기 위한 서류 … 79

불안과 초조의 밤 … 85

차례

3부.
녹음된 진심 앞에서

엠파이어 뷔페에서의 밤 … 92

녹음된 진심 앞에서 … 97

결혼의 갈림길에서 … 101

추수감사절의 저녁 … 106

확인의 시간 … 111

호적등본 … 115

독촉 전화 … 121

4부.
마지막 확인

한국에 전화하다 … 126

중매자와의 전화 통화 … 132

크리스마스 카드 … 136

마지막 확인 … 139

거짓과 분노 … 144

중매 소개 … 149

딸과의 대화 … 154

차례

작품해설

결혼의 조건은 사랑과 진실 … 162
- 김순진 문학평론가 · 고려대 미래교육원 교수

1부.
전화벨 너머의 약속

속지 않는 데이트

봄기운이 스며들던 어느 날, 한 여직원이 내가 일하는 가게를 찾았다. 푸르덴셜 보험회사 소속이라며 환한 미소와 함께 말을 꺼냈다.

"보험의 중요성과 좋은 계획을 소개해 드릴게요."

나는 한때 보험에 관심조차 없었지만, 어느새 그녀의 설득에 귀를 기울이고 있었다.

"설계사님, 제가 지금 돈이 많지 않아서요."

"그래서 더 필요한 거예요. 저렴하고 좋은 보험이 있어요."

그녀의 진심 어린 눈빛에 마음이 움직였다. 남편 역시 여러 번의 방문 끝에 보험을 들게 되었고, 흡연도 술도 하지 않는 덕분에

아주 저렴한 조건이었다. 서류에 사인하고 보험 증서를 받는 순간, 어딘가 안도감이 들었다.

이것은 단순한 보험 이야기가 아니었다. 사람과 사람 사이의 신뢰, 그리고 인연의 시작이었다.

며칠 후, 또 다른 소개가 이어졌다. 미쎄스 리라는 중개인은 한 남자를 소개했다. 국제올림픽에서 부상을 딛고 일어선 남자, 현재는 보석 디자이너로 성공한 사업가라고 했다. 팔찌, 반지, 목걸이…. 그는 자신만의 손길로 아름다움을 만들어내고 있었다.

"그 사람, 보석상 운영도 잘하고 교회도 다니는 성실한 청년이에요. 금메달리스트이기도 하다니까요."

설렘 반, 호기심 반으로 그의 이야기를 들으며 가슴이 조금씩 뛰기 시작했다.

그러던 중, 보험회사 사모님이 조심스레 말했다.

"은희 씨, 앞으로 좋은 사업을 하려면 믿을 수 있는 사람과 함께해야죠. 결혼도 생각해 볼 때 아닐까요?"

갑작스러운 말에 머릿속이 복잡해졌다. 결혼이라니. 아니, 소개팅이라도 말이다.

그날 밤, 미쎄스 리에게서 전화가 왔다.
"은희 씨 나이가 어떻게 되죠?"

목소리가 떨렸고, 손끝이 차가워졌다. 하지만 속으로는 이상한 기대감이 피어올랐다. 어쩌면 이 모든 만남은 내 삶에 또 다른 문을 열어줄지 모른다.

소개 날짜와 시간을 정하고, 편리한 지하철역 근처에서 만나기로 했다.

그렇게 부모님, 중매자, 그리고 미스터 김까지 네 사람이 함께하는 첫 만남이 정해졌다.

이건 단순한 소개팅이 아니었다.

속지 않기 위해 마음을 단단히 다졌지만, 나는 이미 설렘이라는 감정에 속고 있었는지도 모른다. 그러나 때로는 속는 것도 인생이고, 그 속음에서 시작되는 이야기들이 있다.

그날의 데이트는 나에게 단 하나의 이름으로 남았다.
속지 않은 체험 데이트.
사실은, 속아주고 싶었던 날이었다.

햇빛과 소낙비, 그날의 인터뷰 · 1
- 기억이라는 이름의 식탁에서

식사가 끝나갈 무렵, 대화는 조금씩 깊어졌다.

상대방은 누군가가 예전에 유도 도매상을 했다고 말했다.

지금은 잘 모르겠다고 했지만, 누군가 "그가 1984년 LA 올림픽 금메달리스트라던데 사실인가요?"라고 묻자, 그는 담담하게 "예, 맞습니다"라고 대답했다.

7년 전에 큰 부상으로 그만두었다는 말이 이어졌다.

이미 시간이 많이 흘렀고, 말투는 덤덤했지만

그 안에는 오랜 세월 눌러놓았던 무게감이 고스란히 묻어나왔다.

누군가가 "그때 사진이나 신문기사가 있느냐"고 물었다.

"없습니다."

그리고는 조용히 웃었다.

마치 그런 질문을 이미 여러 번 들어봤다는 듯한 웃음이었다.

나는 문득, 사람의 인생에서 진실이라는 것이 늘 증명과 함께 다녀야만 하는가를 생각했다.

기억은 언제나 흐릿해지고, 증거는 사라지고, 남는 건 말의 잔해 뿐일 때가 많다.

그는 조용히 자신의 이야기를 풀어나갔다.

"저는 미국에 있을 때 신학교도 다녔습니다. 목사 후보생으로 교육을 받았고, 그 과정에서 정치, 경제, 윤리, 리더십, 협조와 봉사 등을 배웠어요. 그러다 어느 날 믿었던 목사님에게 속아 정신적 다단계라는 곳에 끌려가기도 했습니다. 믿음이란 말 아래서, 아주 쉽게 망가졌죠."

그는 눈을 내리깔고 웃으며 말했다.

"지금은 그만두었습니다. 이제는 그냥 사업을 하고 있어요."

마치 지나온 인생의 파편들을 덤덤히 정리하듯.

우리는 그와 함께 크레딧카드 한 장을 꺼내 보았다.
약 5달러어치의 신용으로, 누군가는 삶을 다시 세우고 있었다.
그의 말대로라면, 그 역시 '기성복'이고 자신이 하는 일은 '맞춤복'이지만, 어쩐지 나는 그의 말이 더 솔직하다고 느껴졌다.
삶은 본디 정장보다는 작업복을 더 많이 입는 법이다.

그때였다.
미세스 리가 식당으로 들어왔다.
서로 인사를 나누고, 다시 자리에 앉았다.
조심스레 꺼낸 앨범, 딸을 닮았다는 말에 그는 잠시 웃었다.
가방에서 사진을 꺼내던 손끝이 잠시 떨렸다.

"혹시 이 사진인가요?"
"네, 맞습니다."
긴 머리를 한 은희 양의 사진이 나왔다.

그는 사진을 들고 한참을 말없이 바라보았다.

기억은 언제나 조용한 방식으로 우리를 데려간다.
누군가를 증명하기 위한 사진, 누군가를 잊지 않기 위한 사진, 그리고 누군가의 자리를 비워두기 위한 사진.

그날 식탁 위에는 음식보다 더 많은 말이 올라와 있었다.
진실과 오해, 과거와 현재, 그리고 서로 다른 기억들이 조용히 밥을 나누고 있었다.

햇빛과 소낙비, 그날의 인터뷰 · 2

황해도 식당 앞에 도착한 것은 오후 4시 반쯤이었다.

햇빛은 따사로웠지만, 갑작스러운 소낙비가 굵은 빗방울을 쏟아내며 창밖을 두드렸다.

그 빗방울은 오히려 시원하고 반가웠다.

잠시 후, 거짓말처럼 다시 햇살이 고요히 번져 나왔다.

세상엔 때로 비가 내려야만 비로소 햇살이 얼마나 고운지 알 수 있는 순간이 있다.

차 안에서 우리는 누군가를 기다리고 있었다.

말끔한 베이지색 재킷 차림의 젊은 남자가 식당 쪽을 향해 걸어왔다.

그가 미스터 김이라는 사람이라는 걸 우리는 알 수 있었다.
남편은 조용히 차에서 내려, 그를 따라 식당 안으로 들어갔다.

식당 안은 한산했지만 적막하지 않았다.
낯선 만남으로 약간의 긴장감이 식탁 위에 조용히 내려앉았고, 우리는 서로의 눈치를 보며 대화를 시작했다.
김 씨는 누군가를 기다리고 있다고 했고, 우리는 "그러면 식사는 잠시 미루자."고 말했다.

기다림은 때로 식사보다 진중한 것이다.
우리 곁으로 다가온 웨이터가 몇 명이냐고 묻자, 김 씨는 조용히 남편의 이름을 불렀다.
그 말 한마디에 나는 왠지 모를 정중함과 조심스러움을 느꼈다.
마치 수년 전 헤어진 가족을 조심스레 다시 부르는 것 같은….

우리는 테이블 위에 놓인 물수건과 티슈, 그리고 준비되지 않은 말들 사이에서 조금은 머뭇거리며, 그러나 차분하게 시간을 보내고 있었다.

김 씨는 전화를 걸어 누군가가 아직 오지 않았다고 알렸다.

남편은 "그럼 식사부터 하자"고 조용히 말했다.

웨이터가 음식을 내오고, 따뜻한 국물이 테이블 위에 피어올랐다.

김 씨는 잠시 우리를 바라보다가 조심스럽게 가족 이야기를 꺼냈다.

큰딸은 남편과 함께 로펌에서 일하고, 둘째 딸은 뉴욕에서 디자인 회사를 운영하며 막내는 금년에 해병대 장교로 임관되었다고 했다.

그 이야기들을 들으며 나는 어쩐지 마음 한쪽이 뭉클해졌다.

이름도 모르는 사람들의 삶인데도, 왠지 오래 알고 지낸 사람들처럼 익숙하고 따뜻하게 느껴졌다.

그날, 우리는 아주 많은 말을 하지 않았다.

하지만 말보다 더 많은 것이 오간 날이었다.

소낙비처럼 스쳐 갔지만, 그 짧은 만남 속에 삶의 진심과 가족의 흔적, 기다림과 이해가 스며 있었다.

지금 생각해보면, 그날 인터뷰라는 말은 어울리지 않는다.
그건 어느 봄날 오후, 세상이라는 식탁 위에서 서로의 이야기를 한 숟가락씩 나눈, 조용한 식사였다.

전화번호 한 장의 인연

식사가 끝난 후, 우리는 자연스레 미스터 김과 전화번호를 교환했다. 미스 리는 조심스럽게 수첩을 꺼내더니, 미스터 김의 번호를 또박또박 우리 수첩에 적어주었다. 흘려 쓴 손글씨에 왠지 모를 정직함이 배어 있었다.

남편은 그를 바라보며 "영어가 문제겠군요."하고 조심스럽게 말했다. 그러자 미스터 김은 곧바로 고개를 끄덕이며 또박또박 대답했다.
"괜찮습니다. 미국에 온 날부터 지금까지 랭귀지 스쿨에 다니고 있습니다."

그가 천천히, 그러나 꾸준하게 언어를 익혀가는 모습에서 성실함이 느껴졌다. 말수는 많지 않았지만, 말 대신 행동으로 보여주는 사람이란 느낌이 들었다. 그의 곁에 있던 은희는 한국어 표현이 능숙하지 못했다. 외국에서 오래 살아온 사람 특유의 낯선 억양이 문장 곳곳에 배어 있었다.

헤어지는 길목에서 우리는 작별 인사를 나누고, 차 안에서 이런저런 이야기를 주고받았다. 조용히 운전대를 잡고 있던 남편은 불쑥 말했다.

"사업자금은 어느 정도 있는 것 같더라고. 문제는 언어겠지."

그러자 옆에 계시던 목사님께서 말씀하셨다.
"그런데 말이야, 언어문제가 있는 데다가 아이들도 있는데, 은희가 좋아할 수 있을까?"

남편은 잠시 생각에 잠겼다가 천천히 말을 이었다.
"뜻만 맞는다면, 좋은 일 하면서 서로 협조하고 살아가는 것도 인생의 값진 일이잖아."

그 말에 나는 문득 옆집 쥬얼리 가게 아주머니가 떠올랐다. 대학을 나온 그녀는 고등학교도 졸업하지 못한 독일인 남편과 결혼해, 지금은 몇 채의 건물을 소유한 부자가 되었다. 아이들은 모두 명문대학을 나왔고, 경제권도 그녀가 쥐고 있었다. 그런 인생도, 참 단단하고 아름답게 느껴졌다.

그날 집에 돌아와 청소를 마친 은희가 조심스레 물었다.
"그 사람, 어때요?"
나는 잠시 생각하다가 대답했다.
"겉으로는 괜찮아 보이더라. 그런데 결국은 네가 좋아해야지."

그녀는 고개를 끄덕이며 말했다.
"보석상 하겠다고 하더라고요. 인상은 좋았어요. 조용한 말투도 마음에 들었고."

은희는 평소에도 큰 소리를 싫어했다. "귀가 따갑다"며, 우리가 말이 격해질 때면 언제나 조용히 방으로 들어가곤 했다. 그녀는 말소리 큰 사람과 있으면 마음이 편치 않다고 했다. 그런 그녀에게, 말없이 웃고 조용히 말하는 미스터 김은 어쩌면, 마음에 조심스레 스며드는 인연이 될지도 모른다.

사람과 사람 사이의 첫 시작은 늘 조심스럽다. 하지만, 조용한 목소리와 전화번호 한 줄에도 인생의 새로운 장이 숨어 있을 수 있다. 그렇게 우리는 누군가의 인연을, 곁에서 천천히 지켜보고 있었다. 그리고 마음속으로 빌고 있었다. 이 소박한 만남이 누군가의 긴 여정이 되기를.

금강산 식당에서의 만남

저녁 무렵, 미세스 리에게서 전화가 왔다.

"미스터 김이 은희 씨를 만나보고 싶다고 오늘 전화가 왔어요. 사모님이 잘 아시는 장소에서 뵙는 게 좋지 않을까요?"

그의 말투는 조심스럽고, 동시에 설렘이 묻어 있었다.

미스터 김이 후러싱에 산다기에, 우리는 오후 다섯 시에 금강산 식당에서 만나기로 했다. 미스 리는 "그날 은희 씨 혼자 오시나요?"하고 물었지만, 나는 웃으며 답했다.

"아니에요. 서로 안면도 없는데, 저희 부부가 함께 가서 인사만 시키고 자리를 비울 거예요."

약속된 시각, 식당 입구에서 미스터 김이 우리를 기다리고 있었다. 조심스럽게 손인사를 나누고, 남편과 은희가 나란히 안으로 들어섰다. 웨이터가 조용한 테이블로 안내해주었고, 자연스럽게 대화가 시작되었다.

남편은 은희를 향해 환한 얼굴로 말했다.
"은희야, 이분은 국제올림픽에서 금메달을 수상하신 훌륭한 분이야."
은희는 놀란 듯, 감탄이 섞인 목소리로 말했다.
"정말요? 금메달이라니… 대단하세요!"

미스터 김은 살짝 쑥스러운 듯 미소 지었고, 은희를 바라보는 눈빛에는 조용한 기쁨이 번지고 있었다. 이어서 조심스레 물었다.
"아이들 생활비는 잘 보내고 있습니까?"
은희는 조용히 "네…."하고 대답했다. 짧은 대답이었지만, 말보다 더 많은 이야기가 그 안에 담겨 있었다.

남편은 미스터 김의 본적을 물었고, 그는 "경남 하동입니다."라고 답했다. 은희가 "저는 여덟 살 때 미국에 왔어요."라고 하자, 미스터 김은 "오래되셨군요."하며 고개를 끄덕였다.

그의 직업이 다이아몬드 세공이라고 들었는데, 미스터 김은 "아니요, 엔지니어링 쪽입니다."라며 정정했다. 나는 두 사람 사이에 흐르는 어색함을 덜어주기 위해 남편에게 슬쩍 눈짓을 보냈다.
"장소를 잠시 비켜주는 게 어떨까요?"
은희는 웃으며 "아니에요, 괜찮아요."하고 답했다. 미스터 김도 "저도 좋습니다."라고 했다. 분위기는 예상보다 부드럽고 편안하게 흘러갔다.

나는 미스터 김에게 말했다.
"우리 집에도 한 번 놀러 오세요."
그는 웃으며 "은희 양이 저를 좋아하면 가지요"라고 말했다. 남편은 조심스럽게 물었다.
"은희 양, 어떠세요?"

은희는 수줍은 얼굴빛으로 "괜찮아요."하고 대답했고, 미스터 김도 "저도 좋습니다."라고 했다.

"은희야, 지금 궁금한 거 있으면 물어봐."
내가 말하자, 은희는 얼굴에 붉은 기운을 띠며 말했다.
"나중에 물어볼게요…."
그 순간, 미스터 김이 웃으며 말했다.
"말 안 해도 무슨 뜻인지 알겠습니다. 앞으로 사업은 어떻게 할 건지 궁금하신 거겠지요? 걱정 안 하셔도 됩니다."

남편은 미스터 김에게 은희의 사업장 명함과 집 전화번호를 건넸다. 그리고 다시 한 번 확인했다.
"상처하신 건, 확실한 거지요?"

그 질문에 미스터 김은 순간 얼굴이 붉어졌지만, 담담하게 말했다.
"미세스 리에게 똑같은 질문을 여러 번 들었습니다."

그리고는 다시 웃으며 은희를 자주 흘끔거렸다. 자신의 휴대전화를 꺼내더니, "사실 오래전부터 가게 전화번호는 알고 있었어요."라고 말하며 화면을 보여주었다. 나는 그 말에 마음이 뭉클해졌다. 어쩌면, 미스터 김은 오랫동안 조용히 은희를 지켜보고 있었던지도 모른다.

집으로 돌아오는 길, 남편이 조용히 물었다.
"미스터 김, 어떻게 생각해?"
나는 잠시 생각하다가 답했다.
"모든 게 사실이라면, 데이트를 몇 번 더 해보면 알게 되겠지요. 한 번 만남으로는 부족해요."

인연이란, 서로 숨김 없이 마음의 문을 여는 데서 비로소 시작되는 것. 결혼이란, 단지 조건이 맞는 것이 아니라, 서로를 향한 열린 마음 위에서 자라나는 게 아닐까.
오늘 저녁, 금강산의 따뜻한 테이블 위에서 그 조심스러운 시작이 조용히 피어오르고 있었다.

불빛 아래의 두 번째 만남

처음 만남 이후, 은희는 다시 그를 만나지 않겠다고 했었다. 그러나 마음 한구석에는 왜 그가 식당에서 다른 여자를 흘깃 바라보았는지, 묻고 싶은 의문이 남아 있었다. 결국, 은희는 조심스레 전화를 걸었다. 다시 한 번 만나 저녁식사를 하자고, 자신이 먼저 약속을 청했다.

뉴욕 맨해튼에서 다시 만난 그는 어두운 한국 식당으로 은희를 이끌었다. 불빛은 희미했고, 천장에 매달린 노란, 빨간, 파란 조명은 어지럽게 빙빙 돌고 있었다. 조용한 테이블로 안내받았지만, 은희는 신발을 벗는 것도, 낯선 기운도 영 내키지 않았다. 마치 유령이 허리를 눌러 오는 듯한 싸한 기운에, 그녀는 숨이 턱 막혔다. 웨이터들이 사람이라기보단, 어둠 속의 형체처럼 느껴졌다. 결국 은희는 "다른 사정이 생겼다."고 양해를 구하고 급히 그곳을 나섰다.

다시 찾은 레스토랑은 밝고 안정된 분위기였다. 은희는 비로소 안도했고, 그제야 대화를 시작할 수 있었다.

"사실 저는 1년 전부터 은희 양을 알고 있었습니다."
그는 조심스럽게 고백했다.
"같은 교회에 다니던 손 선생님이 '은희 양 옆가게의 직원들을 자주 픽업해 주셨거든요.' 그분이 말하길, '영어도 잘하고 마음씨도 참 따뜻한 아가씨가 있다고 하더군요. 미국 사람과의 언어문제도 자신이 해결해주었다면서요.' 제게 용기를 내어 데이트를 신청하라고 수없이 권했지요."

그는 주소도 몰랐고, 손 선생님이 이사 간 후 연락도 끊겼다고 했다. 그러다 우연히 보험 상담을 하던 미세스 리를 통해 다시 은희를 알게 된 것이다.

"사실…, 지난번 만남에서 왜 다른 여자를 힐끔 보셨는지 기분이 좋지 않았어요."
은희는 마침내 묻고 말았다.

그는 약간 당황하며 웃었다. "기억이 안 납니다. 아는 사람도 아니고요."

"그럼… 왜 지금까지 결혼하지 않으셨어요?"

그는 대답했다.
"2001년 9.11 사건만 아니었으면 결혼했을지도 몰라요. 하지만 사실 그보다도, 안정된 직장에 묶여있었고, 시간을 내기 어려웠습니다. 데이트도 몇 번 해봤지만, 인연이 닿지 않았을 뿐이지요."

그리고 그는 조용히 말했다.

"친구들 집에 초대받아 갔을 때, 모두가 부부동반인데 저만 혼자여서 많이 외로웠습니다. 친구 자녀들이 상장받은 모습이 부럽기도 했고요. 저도 새 가정을 꾸려 행복하게 살고 싶어요."

은희가 자녀 계획에 대해 물으니 그는 단호하게 대답했다.
"은희 양이 원하는 만큼, 나도 아이들을 사랑할 수 있어요. 다른 아이들도 함께 키우고 싶다면, 기꺼이 그렇게 하겠습니다."

그의 눈빛은 진심을 품고 있었다.
어릴 적, 신문에서 한국 고아를 입양한 미국 가족 이야기를 읽고 눈물지었던 기억도 꺼내놓았다. 그가 보여준 마음은, 단순한 외로움 이상의 것이었다.

그날 그는 식사 내내 은희만을 바라보았다. 마치 렌즈에 포착된 듯, 눈길이 그녀에게 머물렀다. 식사를 마치고 나서도 버스 정류장까지 동행해 손을 흔들어 주고 돌아섰다.

버스에 몸을 실은 은희의 마음은 흔들렸다. 깊은 밤, 바람에 흔들리는 한 척의 배처럼, 어디로 닿아야 할지 모를 감정이 일렁였다. 결혼이라는 단어가 불쑥 떠올랐고, 머리가 아프도록 고민이 몰려왔다.

밤 10시가 넘도록 잠자지 않고 기다리던 어머니는 조용히 물으셨다.
"다음 약속은 했니?"
"다음 주, 롱아일랜드에 다이아몬드 쇼가 있어서 같이 가자고 하셨어요."

은희는 조용히 대답했다. 그 말끝에, 한 줄기 따스한 설렘이 묻어 있었다. 어쩌면, 누군가의 진심은 그렇게 어두운 식당을 지나, 환한 불빛 아래에서 비로소 빛나기 시작하는 것인지도 모른다.

전화벨 너머의 약속

종원 가게에서 전화가 오기를 기다렸다.
하지만 하루 종일, 아무 소식도 없었다.
집에 돌아와 전화를 확인했지만, 미스터 김의 메시지는 남아있지 않았다.

'왜 전화가 없을까. 약속을 잊은 걸까. 아니면 그런 약속은 처음부터 없었던 걸까.'

조심스레 의심이 싹텄다. 그가 혹시 약속을 소홀히 여기는 사람은 아닐까, 마음이 뒤숭숭했다.
엄마는 조심스레 물으셨다.

"더 기다려 보고, 그래도 소식 없으면 네가 전화해보는 게 어때?"

"연락한다고 한 사람이니까…, 조금 더 기다릴게요."

나보다도 엄마가 더 궁금해하시는 눈치였다.

나는 애써 태연한 표정을 지었다.

"소식 없으면 그만두겠습니다."

그때였다. 전화벨이 울렸다. 놀라움과 설렘이 한꺼번에 밀려왔다. 수화기 너머의 그의 목소리는 조심스럽고 진지했다.

"토요일 오후 6시, 제 사무실에서 꼭 뵙고 싶습니다."

토요일, 나는 뉴욕 복잡한 거리의 인파를 헤치고 그의 사무실을 찾아갔다.

사무실은 생각보다 좁았고, 다이아몬드를 세공하는 정밀 기구들과 각종 도구들이 테이블 위에 놓여 있었다. 그 공간은 단순한 사무실이 아니라, 그가 살아가는 '작업장'이자 '현장'이었다.

그는 캐비닛에서 다이아몬드 세 묶음을 꺼내어 A, B, C 등급으로 나누어 보여주었다.

A는 최고급, B는 중간, C는 보통.

설명은 꼼꼼했고, 그의 눈은 내 손가락을 바라보며 물었다.

"은희 양은 어떤 크기의 반지를 좋아하십니까?"

"B 등급 정도면 충분히 좋아요. 반지는 손에 잘 어울려야 아름답지요."

그는 빛나는 목걸이 하나를 꺼내 보였다.

자신이 직접 만든 다이아몬드 목걸이라고 했다.

불 꺼진 사무실이 그 한 점의 보석으로 환해졌다.

어둠 속에서 번쩍이는 빛, 내 눈은 황홀에 잠겼다.

"이거, 부모님께 보여드리세요."

그가 조심스레 내게 내밀었다.

"아니에요. 제가 가져가다 잃어버리기라도 하면 어쩌죠. 미스터 김, 저를 믿으시나요?"

그는 말없이 나를 바라보았다.
그 시선은 한편 따뜻했고, 한편 불안하게 했다.
나는 웃으며 말했다.

"부모님께, 목걸이가 정말 아름다웠다고 전하겠습니다."

그는 또 다른 목걸이를 보여주었다.
흰색과 금색이 섞인 디자인이었다.
나는 순금이 더 좋다고 말했고, 그는 곧바로 말했다.

"그럼 1층에서 도금하면 됩니다. 15분이면 돼요."

그는 아래층으로 내려가면서 말했다.
"문이 자동으로 잠기니까, 제가 돌아오면 안에서 열어주세요."

그가 사라진 뒤, 문은 자동으로 닫히고 나는 조용히 앉아 그의 공간을 바라보았다.

그런데 눈앞의 테이블 위에, A등급 다이아몬드 묶음이 그대로 놓여 있었다.

나는 순간, 긴장이 되었다.

그렇게 귀한 것이, 무방비로 내 앞에 남겨진 채였다.

20분쯤 지나, 그는 열쇠로 문을 열고 들어왔다.

그리고 테이블 위의 다이아몬드를 보고 눈이 커졌다.

당황한 듯, 케이스를 열고 조심스레 다시 세어보았다.

"17개…, 그대로네요."

숨을 내쉬며 안도하는 모습이 눈에 보였다.

그 후, 그는 조용히 물었다.

"은희 양은 집도 있고 사업체도 있다 들었습니다. 집 융자와 가게 렌트 부담은 어떻습니까?"

"사업 수입으로 큰 어려움은 없어요."

"그렇다면 우리가 결혼하게 되면, 은희 양은 주문을 받고, 저는 디자인과 세공을 맡아 각 가게에 납품할 수 있어요. 함께라면 성공적인 사업도 꿈꿀 수 있을 겁니다."

그리고 그는 핸드폰을 두 개 꺼내 보여주었다.
하나는 자신의 것이었고, 다른 하나는 내게 주려는 것이었다.

"우리 자주 연락합시다. 이거 가져가세요."

나는 웃으며 고개를 저었다.

"저도 핸드폰은 있어요. 다만 무겁고 귀찮아서 잘 안 들고 다녀요. 오늘은 변호사인 동생이 잠깐 써야 해서 가지고 나갔어요. 그래도… 감사합니다."

정중히 거절하며, 나는 마음속으로 다시 한 번 그의 눈빛을 떠올렸다.

그는 말로는 다 하지 않았지만, 마음으로 많은 걸 전하고 있었다.
다이아몬드처럼 반짝이던 그날의 대화는, 내 마음에 조용한 파문을 남겼다.
빛과 의심, 믿음과 불안 사이에서, 나는 조금씩 한 사람을 알아가고 있었다.

2부.
흔들리는 마음

그날의 전화는 왜 그리 많았을까

식사 중이었다.

미스터 김과 함께한 저녁 자리에서, 그의 휴대전화가 몇 번이고 울렸다.

한 번, 두 번, 세 번…. 잦은 벨소리에 식탁 분위기는 점점 어수선해졌고, 나도 모르게 신경이 곤두섰다.

그는 미안한 얼굴로 말했다.

"결혼 비용은 제가 모두 감당하겠습니다. 반지, 목걸이, 팔찌도 제 손으로 직접 만들어 드릴게요."

그 말이 채 끝나기도 전, 또다시 전화벨이 울렸다.

그는 전화를 받기 위해 자리를 비켰다.

"아니에요, 그냥 친구입니다."

멀찍이 떨어진 곳에서 짧게 통화한 후 자리로 돌아온 그에게 나는 조용히 물었다.

"여자 친구인가요? 애인이신가요?"

그는 아무 말 없이 눈을 피했고, 이후로는 전화가 울려도 받지 않았다.

그러곤 이내, 화장실에 다녀오겠다고 자리를 떴다.

그 순간 문득 스쳐가는 불길한 생각…. 데이트 중 이렇게 자주 걸려오는 전화, 그리고 말을 아끼는 태도. 혹시 무언가 숨기고 있는 것은 아닐까?

마음 한켠에 의심이 고개를 들었다.

식사를 마치고 집으로 돌아가기 위해 버스 정류장에 줄을 서고 있는데, 그가 내 옆으로 다가왔다.

망설이며 조심스럽게 말을 꺼냈다.

"저… 그…, 생각해보셨어요?"
"뭘요?"
"결혼이요…"

나는 당황한 채, 말문이 막혀 그를 바라보았다.
그리고 나도 모르게 내뱉은 말….
"아깝다…, 아까워…."

그 말에 그는 얼굴이 홍시처럼 붉어지더니 말했다.
"뭐가 아까워요? 나 같은 사람, 별거 아니에요! 내가 직접 은희 양 아버지를 찾아가겠습니다."
목소리는 점점 높아졌고, 그의 눈빛은 마치 먹잇감을 놓친 짐승처럼 번뜩였다.

그 순간, 주변 사람들의 시선이 우리에게 집중되었다.

미국의 공공장소에서 갑작스러운 언성이 오가는 건 결코 평범한 일이 아니었다.

나는 당황한 마음을 추스르며 그를 근처 커피숍으로 데리고 들어갔다.

커피숍 안에서, 그는 말했다.

"옛날 제 부인은 늘씬하고 예뻤어요. 그런데 제가 은희 양을 만나고 나서, 처음부터 반했습니다. 식당에서 만난 날부터요. 포기할 생각 전혀 없습니다."

그의 표정은 여전히 거칠었다.

오늘, 내가 그와의 관계를 정리하려고 마음먹은 것을 그는 이미 눈치챘던 것이다.

"결혼하기엔 아깝다."는 내 말이, 그에게는 거절로 들렸을 터였다.

엄마의 말씀이 떠올랐다.

"잘생긴 무능한 총각보다는, 능력 있는 기혼자와 좋은 일을 하며 사는 인생도 가치 있지 않니?"

하지만 그의 말이 진실인지 아닌지조차 아직 판단이 서지 않았다.
"그가 국제올림픽에서 금상을 받았다는 것도, 만약 그때라면 벌써 다른 여자와 재혼했을 거야…."
속으로 조심스레 의심이 고개를 들었다.

그는 아내를 잃은 지 7년이 되었다고 했고, 일본 체류 중이라고 했다.
하지만 나는 누구와도 결혼할 생각이 없다.
결혼은 인생의 긴 여정이다.
애원하고, 매달린다고 이루어지는 일이 아니다.

그는 말했다.
"얼마 전 미용사 아가씨와 선을 봤는데, 나이가 같고 성격이 맞지 않아 끝났어요. 은희 양은 저보다 두 살 아래고, 마음도 편하고…, 함께 사업도 하면 잘 될 거라 생각해요. 저는 진심입니다. 변하지 않는 사랑을 드릴게요."

그는 내 얼굴을 똑바로 바라보며, 다시 한 번 다짐하듯 말했다.
"진짜 결혼입니다. 저는 여덟 살부터 미국 교육을 받았지만, 동족이니 충분히 이해할 수 있습니다. 아이들과도 화목하게 지내고 싶어요."

늦은 시간, 집에 도착하자 엄마가 문을 열어주셨다.

"저녁은 잘 먹었니? 무슨 이야기를 그리 오래 했길래 늦었니?"

나는 대답 대신, 마음속 수많은 물음표를 안고 고개를 숙였다.
식사 중 자꾸 울리는 전화,
그때마다 어딘가로 사라지는 그의 모습.
정말 부인이 맞는 건 아닐까.

설마…, 그가 영주권을 받기 위한 수단은 아닐까?

그런 내 표정을 엄마는 놓치지 않으셨다.
엄마의 얼굴에도 금세 어두운 그늘이 드리워졌다.

"다음 주 일요일, 우리 집에 와서 부모님을 뵙고 싶다고 했어요."
나는 조용히 말씀드렸다.
"그때 모든 이야기를 직접 듣고, 차분히 판단하는 게 좋을 것 같아요."

아이들 사진과 흔들리는 마음

그날 미스터 김은 우리 집에 오겠다고 해놓고, 약속을 변경했다. 전화를 걸어와선 맨해튼 42가의 커피숍에서 오후 네 시에 만나자고 했다. 나는 아버지가 그의 사무실로 찾아가실 거라고 전했다. 하지만 그는 "아니요, 은희 양을 먼저 만나고 난 후 아버지를 뵙겠습니다."라고 고집했다. 언제 만나려는 건지 묻자, "그건 나중에 말씀드리겠습니다."라는 대답뿐이었다. 결국 그날은 커피숍에서 단둘이 만나기로 했다.

저녁 식사를 마친 후, 그는 한국에 두고 온 아이들 사진을 꺼내어 보여주었다. 아들은 두 손을 가지런히 모으고 외롭게 서 있었고, 딸도 혼자 찍은 사진 속에서 쓸쓸히 웃고 있었다. 그 아이들이 부모 없이 할머니와 지내고 있다는 말을 듣는 순간, 내 눈가가 금세 뜨거워졌다.

보고 싶지 않냐는 나의 물음에 그는 "보고 싶지만 참아야지요." 하고 조용히 말했다.

마음이 흔들렸다.

내가 결혼해주면, 이 아이들도 미국에 와 아버지를 만나게 될 텐데….

그 순간, 문득 이런 생각이 들었다.

내가 이 아이들에게 좋은 일을 해준다면, 주님도 칭찬하시겠지.

어릴 적 생각이 났다.

나는 막내 동생을 보살피며, 미용실에 다녀온 부모님 대신 저녁마다 목욕도 시키고 숙제도 봐주었다. 새벽같이 나가 밤늦게까지 지쳐 돌아오시던 부모님을 대신해, 어린 남동생과 여동생을 돌보던 그 시절이 지금도 생생하다.

그렇게 자란 나였기에, 한국에 나가지 못하는 미스터 김의 처지가 안타깝게만 보였다. 아이들을 대신 키우시는 그의 어머니 모습도 눈에 선했다.

하지만 아직도 마음 깊은 곳엔 갈등이 있었다.
그와 여러 번 만나면서도, 사실 결혼할 마음은 전혀 없었다.
노처녀라고 부모님 성화에 떠밀려 나갔던 만남들, 그리고 이 데이트도 그저 그런 연장선이었다.
그런데 어느새 마음이 흔들리기 시작했다.
내가 지금 늪 속에 발을 들여놓고 있는 건 아닌지, 혼란스러운 기분이 밀려왔다.

나는 미스터 김에게 물었다.
"진짜 상처한 게 맞나요?"
그는 말없이 고개만 끄덕였다.

나는 아들의 사진 속 얼굴을 떠올리며 물었다.
"안경 벗고 한번 얼굴 보여주세요."

그는 순순히 안경을 벗고, 얼굴을 내게 들이밀었다.
확실히 아버지와 아들이었다.

그에게 여집사님 이야기를 꺼냈다.

우리 부모님은 매일 새벽마다 교회에서 기도하신다.
창립교회라 아직은 교인이 많지 않지만, 새벽예배엔 늘 정성스러우셨다.
어느 날, 처음 보는 여자분이 새벽예배에 참석하기 시작했다.
매일 새벽마다 혼자 나와 피아노를 조용히 쳐주시던 그분….
그분은 미국에 온 지 6년이 넘었지만 아직 영주권이 없고, 남편은 영주권 없이 한국에 나갔다가 다시 들어오지 못했다 한다.
딸은 크리스천 아카데미에 다니고 있었지만, 학비가 밀려 학교를 다니지 못할 위기에 놓여 있었다.

엄마는 그 딸아이를 양녀로 삼아 영주권을 받을 수 있도록 돕자고 하셨다.

나도 엄마의 마음을 거절할 수 없었고, 밀린 학비를 대신 내주었다.

엄마는 그보다 더 기뻐하시며, 열 번도 넘게 고맙다고 하셨다.

딸 신영이는 일주일 후 우리 집으로 들어오기로 되어 있었는데, 여집사님의 남편이 불법으로 캐나다를 거쳐 미국으로 들어왔다. 그러자 여집사님은 계획을 취소하고 다시 본 교회로 돌아갔다.

이야기를 다 했지만, 미스터 김은 졸린 눈으로 딴청을 피우고 있었다.

"피곤하실 테니, 오늘은 쉬세요."

나는 조용히 작별 인사를 하고, 뉴저지로 가는 막차를 타고 집으로 돌아왔다.

신영이와 엄마의 마음

그 여집사님은 미국에 온 지 어느덧 6년이 되었다고 했다.
남편은 아직 영주권이 없어, 한국에 나갔다가 돌아오지 못한 채 떨어져 지내고 있다고 했다.

그녀에게는 딸 하나가 있었는데, 크리스천 아카데미에 다니는 중이었다.
그러나 학비가 밀려 더이상 학교를 다닐 수 없다는 말을 조심스럽게 꺼냈다.
여집사님은 작은 네일 가게를 운영하고 있었지만, 생활비와 학비를 감당하기엔 턱없이 부족한 형편이었다.
그녀의 가장 큰 바람은, 아이만큼은 제대로 교육시키는 일이었다.

미국에서 아이가 영주권을 받으려면, 미국 가정에 입양되어야 한다는 말을 들은 엄마는, 곧장 우리 가족이 양녀로 받아들이자고 하셨다.

그 여집사님은 새벽예배에만 조용히 나오는 분이었다.

주일에는 원래 다니던 본 교회로 출석했고, 엄마는 한 번도 우리 교회로 오라는 말을 하지 않으셨다.

그녀는 자신이 다니던 교회가 너무 멀고, 집엔 컴퓨터도 없어 아이가 공부하기 불편하다고 했다.

그 이야기를 들은 엄마는, 군대 간 막냇동생이 쓰지 않던 컴퓨터를 변호사인 작은 오빠에게 맡겨 손보게 한 뒤, 직접 가져다주셨다. 그리고 사용법도 하나하나 설명해주셨다.

신영이는 그 후 우리 교회에 정식 등록했고, 우리 가족은 그녀를 양녀로 받아들여 영주권을 받을 수 있도록 준비에 들어갔다.

신영이가 열여섯 살이라, 서류 절차는 무척이나 복잡하고 시간이 많이 들었다.

국제변호사를 선임하여 긴 과정을 밟은 끝에, 결국 입양 허가가 떨어졌다.

그러나 가장 큰 문제는 학비였다.

밀려 있는 수업료를 내지 않으면, 아이는 학교를 다닐 수 없게 되는 상황이었다.

엄마는 어느 날 조심스럽게 나에게 말씀하셨다.

"은희야, 네가 학비 좀 보태줄 수 없겠니? 엄마가 부탁해서 미안하지만…"

엄마의 말에 거절할 수 없었다.

나는 밀린 학비 전액을 내주었다.

그 여집사님보다, 오히려 엄마가 더 고마워하셨다.

"고맙다, 우리 딸…. 정말 고맙다."

열 번도 넘게 그렇게 말씀하셨다.

일주일 후, 신영이는 우리 집으로 들어올 예정이었다.

그러나 갑작스럽게 상황이 달라졌다.

한국에 있던 여집사 남편이, 영주권도 없이 불법으로 캐나다를 경유해 미국으로 들어왔다고 했다.

그러자 여집사님은 입양을 취소하고, 원래 다니던 본 교회로 돌아가 버렸다.

나는 어쩐지 허탈하고 쓸쓸한 마음으로, 그 이야기를 미스터 김에게 들려주었다.

하지만 그는 졸린 눈으로 내 말에 집중하지 못하고 딴청을 부리고 있었다.

"피곤하시면 그냥 들어가세요. 푹 쉬세요."

나는 조용히 작별 인사를 건넨 뒤, 뉴저지로 가는 막차를 타고 집으로 돌아왔다. 창밖으로 스쳐가는 불빛들이 희미하게 번져가며, 마음속에 조용한 파문을 남겼.

신영이도, 여집사님도, 그리고 그날의 나도…, 어디쯤엔가 흔들리고 있었다.

침묵의 얼굴

그날, 남편은 미스터 김을 만나겠다고 나섰다.

은희와 나는 남편을 따라 뉴욕까지 동행했지만, 만남의 자리는 남편 혼자 다녀오시기로 했다.

그가 말하길, "미스터 김을 위해서라도 직접 만나서 사람을 보고 와야겠어."

우리 셋은 함께 강서회관 근처까지 갔다. 남편은 은희와 나에게 근처 커피숍에서 기다리라며, 홀로 미스터 김을 향해 걸음을 옮기셨다.

두 시간이 지나도록 돌아오지 않았다.

어느새 해는 저물고, 초가을 저녁의 바람이 뺨을 스치던 무렵,

남편이 돌아왔다.

그의 발걸음은 무겁고, 표정은 굳어 있었다.

나는 그를 불렀고, 남편은 억지로 얼굴에 밝은 기운을 띠우며 말했다.

"시간이 꽤 흘렀네. 집에 가자."

하지만 나는 알 수 있었다.

그의 눈빛은 땅만을 바라보고 있었고, 입술은 굳게 다물려 있었다.

대화는 없었고, 차 안에는 긴 침묵만이 흘렀다.

집에 돌아와 나는 조심스럽게 물었다.

그는 잠시 망설이다가 말했다.

"말을 안 하려 했는데…, 은희가 실망할까 봐…. 하지만 아무래도 이상한 점이 있더군."

남편은 미스터 김과의 대화를 풀어 놓았다.

결혼을 위해 필요한 서류를 언급했을 때, 미스터 김은 되묻더란다.

"은희 양이…, 저를 정말 좋아합니까?"

그 말에 남편은 단호하게 말했다고 한다.

"자네가 먼저 결혼하자고 해서, 아이들 사진을 본 후 결혼을 결심한 거 아닌가?

그 아이들을 보면서 좋은 일이라 생각하고 마음을 굳혔다더군."

미스터 김은 그제야 약간의 기쁨이 얼굴에 어리는 듯했다 한다.

그러면서 여권을 묻는 말에는 모른다며, 미국 변호사가 가지고 있다고 했다.

확인을 해봐야겠다고 하면서, 만약 여권의 비자가 만료됐다면 약혼비자로 변경해야 한다고 덧붙였단다.

그러나 가장 결정적인 순간은 호적등본 이야기였다.

남편이 그것을 요청하자, 미스터 김의 얼굴색이 급격히 변했다고 한다.

그는 안절부절 못하며 식사도 제대로 하지 못했고, 눈에 보일 만큼 불안해 보였다고 했다.

"그때부터 뭔가 잘못됐다는 생각이 들었어."

남편은 그렇게 말했다.

미스터 김은 다음 날 오후 6시에 뉴저지 황해도 식당에서 서류를 가져오겠다고 했지만, 남편은 단호하게 말했다.

"굳이 식당까지 올 것 없이, 자네 사무실로 직접 가겠네."

그렇게 두 사람은 헤어졌고, 남편은 천천히 걸어오면서 많은 생각에 잠겼다고 했다.

그때 내가 그를 부르자, 그는 애써 표정을 바꾸어 보였던 것이다.

"혹시라도… 당신과 은희가 다시 마주하게 될까 봐, 그건 아니라고 생각했어."

그 말은 남편이 오랜 경험과 직감으로 느꼈던 불안을 내게 전한 첫 고백이었다.
그는 그날, 단지 한 사람의 진심을 확인하러 간 것이 아니었다.
자신의 딸이 어떤 미래를 선택하려 하는지, 그 미래가 안전한지, 스스로 눈으로 확인하고 싶었던 것이다.

그날의 남편 얼굴은, 오랜 침묵 끝에 말을 걸어온 진실의 무게를 지고 있는 사람이었다.
그 무거운 걸음을, 나는 결코 잊지 못한다.

어둠이 깃든 얼굴

사람들로 붐비는 버스를 타고 뉴욕에 도착했을 때, 해는 이미 서산에 걸치고 있었다.

시내의 소음과 피곤한 마음이 어깨를 짓눌렀지만, 오늘은 중요한 대화를 나누어야 할 날이었다.

나는 이층에 있는 미스터 김의 사무실로 올라갔다.

좁은 공간, 통풍조차 제대로 되지 않는 숨 막히는 곳이었다.

작업장과 사무공간은 각종 기구들로 가득 찼고, 공기의 무게마저 무겁게 느껴졌다.

"이런 누추한 곳에 오시게 해서 죄송합니다, 목사님."

그의 첫마디가 미안함이었지만, 내 마음은 이미 조심스레 긴장을 감추고 있었다.

나는 바로 본론으로 들어갔다.

"서류는 준비가 되어있습니까? 미국에서 사업하려면 무엇보다 세금 보고가 생명입니다. 여권 비자는 아직 유효합니까?"

그는 잠시 말을 멈추더니, 고개를 숙이며 말했다.

"변호사에게 확인해보니…, 익스파이어됐다고 하더군요."
그 순간, 나는 단도직입적으로 물었다.

"그렇다면…. 이쯤에서 그만두는 게 어떻습니까?"
그는 눈을 피하며 말을 돌렸다.

"랭귀지…, 영어가 안 되어서 은희 양과 결혼이 어려울 것 같습니다."

나는 속이 탔다.

황해도 식당에서 처음 만났을 때, 그가 랭귀지가 문제가 아니라며, 미국에 오자마자 지금까지 영어 공부를 해왔다고 말하지 않았던가.

결혼하자고 그토록 매달릴 때는 언제이고, 이제 와서 말을 바꾸는 그의 태도에 답답함이 몰려왔다.

"그렇게 함부로 말을 하지 마세요. 지금은 문제를 엉켜놓을 때가 아니라, 하나하나 풀어갈 때입니다. 한국에 있는 아이들도, 은희도 다 걸려 있는 일입니다. 우리 안사람도 아이들 데려다가 잘 교육하자고 이미 합의했습니다. 단순한 결혼이 아닙니다. 이건 신뢰의 문제입니다."

나는 단호히 말했다.

그러자 그는 사업 이야기를 꺼냈다.

은희는 오더를 받아 판매하고, 자신은 디자인과 세공을 하겠다고 했다.

"그렇다면 확실한 증거를 보여주세요. 그러면 약혼을 진행하겠습니다."

내 말에 그는 조심스럽게 되물었다.

"확실한 증거란…, 무엇입니까?"

나는 잠시 숨을 고르고, 천천히 말했다.

"상처한 호적등본입니다."

그 순간, 그의 얼굴이 붉어졌다.

"아…. 네… 네…."

그는 말끝을 흐리며 불안한 기색을 감추지 못했다.

자리에 앉았다 일어섰다 하며, 핸드폰을 만지작거리고, 콧등을 문지르며 말을 돌리기 바빴다.

나는 조용히 말을 이었다.

"아이들은 우리가 책임지고 돌보겠습니다. 당신과 은희가 열심히 사업을 해서 자립할 수 있을 때까지요. 그 이후엔 가족이 함께 살게 되겠죠."

그는 더는 대답하지 않았다.
어딘가 가야 한다며 얼버무리고, 대화를 빨리 끝내고 싶다는 듯 성급했다.
나는 마지막으로 던지듯 물었다.

"자네가 올림픽에서 금메달을 땄다고 했지요? 언제였습니까?"
"1984년 9월 4일입니다."

그 말을 끝으로 자리를 나왔다.
버스를 타고 돌아오는 길, 남편의 말이 떠올랐다.
그날 밤, 남편은 뒤척이며 깊은 잠에 들지 못했다.

"왜 그 사람 얼굴엔 어두운 그늘이 드리워져 있었을까…. 뭔가를 숨기고 있다는 느낌이 자꾸 들어."

나는 이불을 덮으며 작게 중얼거렸다.
"여보, 그 사람…. 부인이 죽지 않고 살아있는 것 같아요."
남편은 고개를 끄덕였다.
"나도 밤새 그 생각만 했어. 당신 생각과 똑같았어."

우리는 새벽녘, 같은 결심을 했다.
은희에게 데이트를 중단하라고 말하자.
그리고 단순한 의심이 아니라, 명확한 확인을 위해 다시 호적등본을 요청해보자.

우리는 감정에 휘둘리지 않기로 했다.
사랑은 신뢰 위에 있어야 하며, 결혼은 무엇보다 진실에서 출발해야 한다.
그 진실을 찾는 일이, 지금 우리가 해야 할 첫 번째 의무였다.

호적등본을 얻기 위한 서류

오늘은 가게 문을 평소보다 일찍 닫았다. 은희와 함께 뉴욕으로 향하는 버스에 몸을 실으며, 내 마음은 어딘지 모르게 편치 않았다.

결혼을 앞두고 있는 딸이지만, 나는 여전히 걱정뿐이다.

왜 이 아이는 지금껏 결혼을 미루어 왔던 걸까.

어릴 땐 어리다는 이유로, 때로는 공부를 핑계 삼아, 누군가 다가와도 늘 고개를 저었던 딸. 이제 와서 그 모든 거절들이 후회스럽기만 하다.

하지만 지나간 일은 지나간 대로 놓아두어야 할 일. 이젠 현실을 마주해야 한다.

문제는…, 우리가 아직 확인하지 못한 '호적등본'이라는 단 하나의 서류였다.

버스에서 내려 42번가 정류장에 도착하자마자, 은희와 나는 간단한 작전을 세웠다.

"엄마는 근처 커피숍에서 기다리고 있을게. 넌 미스터 김과 약속된 커피숍으로 가. 대화가 시작되고 30분이 지나면 내가 가서 등본을 요청할 거야. 결혼할 사람이라면 줄 수밖에 없을 거야. 너는 아직 처녀니까, 아빠가 널 지키기 위해 나를 보낸 거라고 말해. 따로 떨어져 있지 말라고 아빠가 몇 번이나 당부했어."

은희는 고개를 끄덕이며, 차분한 걸음으로 약속된 커피숍을 향해 갔다.

"엄마, 이 자리에서 움직이지 마세요. 여기가 약속 장소예요."

은희가 간 지 10분쯤 지났을까. 다시 돌아온 딸의 얼굴이 굳어 있었다.

"엄마, 이상해요. 항상 먼저 와서 기다리던 사람이 오늘은 안 와 있어요."

그 말을 듣자 순간 가슴이 철렁 내려앉았다.

"좀 늦는 걸 수도 있지. 다시 가서 기다려봐. 혹시 전화라도 오면 바로 알려줘."

나는 손을 흔들며 딸을 다시 커피숍으로 보냈다.

그리고 마음속으로 시간을 재기 시작했다.

30분이 지나, 나는 은희가 있겠다고 말한 커피숍으로 들어섰다.

하지만 그녀는 보이지 않았다.

'문 옆자리에 있겠다고 했는데…?'

나는 안쪽까지 들어가 주변을 살폈지만 사람들로 복작거리는 공간에서 그녀의 모습은 어디에도 없었다.

고개를 이리저리 돌리다 화장실 쪽으로 향했다.

그곳에서 멍하니 선 은희를 발견했다.

"은희야!"

총총걸음으로 내게 다가온 딸은 작게 말했다.

"미스터 김이 고개를 돌려 엄마를 본 순간, 제가 따라가서 화장실에 간다고 말하고 도망쳐 나왔어요."

"그럼 대화는 끝났니? 서류는 받았니?"

"아니요…, 끝나지 않았어요. 고집이 세요. 결혼할 때 줄 수 있다면서 끝내 주지 않았어요."

"그럼 이제 집에 가자. 아빠가 우리를 기다리고 계실 거야."

은희는 고개를 저었다.

"엄마 먼저 가세요. 우리의 대화는 녹음했어요. 집에 가서 들어보세요."

나는 그 말에 놀라면서도 안심이 되었다.

하지만 또다시 물었다.

"네가 없어서 엄마가 얼마나 놀랐는지 아니? 어떻게 그런 커피숍을 옮겨…"

"자리가 없어서 맞은편 커피숍으로 갔어요. 그리고… 엄마, 미스터 김은 저만을 위한 사람이 아닌 것 같아요."

그 말을 끝으로 은희는 화제를 돌리듯 말했다.

"오늘 저녁에 미스터 윤이라는 분과 엠파이어 레스토랑에서 식사하기로 했어요. 그분이 미스터 김에 대해 아는 게 많대요. 제가 정보 얻으려고 만나는 거예요."

나는 따라가겠다고 했지만, 은희는 단호했다.

"제발 그러지 마세요. 전 어린애가 아니에요. 엄마가 이러면…, 결혼이 안 될까 봐 무섭기도 해요."

나는 무거운 마음을 누르고, 지갑을 꺼내 보이며 말했다.

"엄마가 오늘 돈 많이 가지고 왔어. 저녁 살게. 같이 가자."

은희는 조용히 손을 내저었다.

"엄마, 나를 믿으세요. 걱정 마세요. 제가 전화번호도 남기고, 어디로 가는지도 다 말씀드렸잖아요. 금방 다녀올게요. 곧 다시 와요."

나는 마지못해 고개를 끄덕였다.

떠나는 은희의 뒷모습을 바라보며, 마음속으로 기도했다.

부디, 네가 보고 듣는 모든 것 속에서 진실만을 가려내기를.
그리고 무엇보다, 너 자신이 다치지 않기를.

그날 밤, 나는 정류장에서 늦도록 딸을 기다렸다. 머릿속엔 온갖 생각이 떠다녔고, 손에 쥔 핸드폰은 한시도 놓을 수 없었다.

내 사랑하는 딸을 지키기 위해, 지금 나는 오늘 하루의 작전을 감행한 것이었다. 진실을 확인하기 위해, 그리고 무엇보다 그녀의 인생을 지켜주기 위해서이다.

나는 엄마이니까.

불안과 초조의 밤

딸 은희는 미스터 김 일행과 함께 엠파이어 레스토랑으로 향했다.

나는 뉴욕의 붐비는 버스 정류장에서, 사람들 사이로 외롭게 앉아 딸을 기다렸다.

오랜 시간 동안 아무런 연락도 없는 딸을 기다리는 내 마음은, 자꾸만 불길한 생각으로 어지러워졌다.

구석진 자리에 조용히 앉아 있는 나를, 청소하던 한 여성이 홈리스로 착각했는지 다가와 물었다.

"어디 가세요?"

"딸을 기다리고 있어요."

그러자 그 여인은 고개를 갸웃하며 말했다.

"여긴 위험해요. 사람이 많은 쪽으로 옮기세요."

나는 억지웃음을 지으며 "괜찮아요. 여기가 편해요. 곧 딸이 올 거예요."하고 대답했다.

하지만 그 말과는 다르게, 나도 모르게 두려움이 밀려들기 시작했다.

어쩌면 은희를 혼자 보낸 것이, 오늘 가장 큰 실수였는지도 모른다.

멀찍이서라도 따라가서 지켜보기만 했더라도….

남편과의 약속도 지키지 못한 죄책감이 마음을 더욱 무겁게 짓눌렀다.

낮에 무리해서 일했던 탓인지, 피로가 몰려오고 몸은 점점 무거워졌다. 어지럽기까지 했다.

문득 떠오른 오래된 기억 하나, 어느 권사님이 들려준 이야기였다.

 딸이 선을 넘는 바람에 임신을 하게 되었고, 결혼까지 했지만 결국 본부인이 아이를 데리고 나타나 법정 다툼까지 갔던 일.

 세상은 요란하고, 불신이 가득한 시절. 남편은 늘 경고하듯 말했다.

 "요즘 세상에 눈 한번 잘못 맞으면, 큰코 다치는 거야."

 그 말이 오늘따라 생생히 귓가에 맴돌았다.

 나는 공중전화로 콜렉트 콜을 걸어 남편에게 미스터 김의 전화번호를 알렸다.

 남편은 다짜고짜 물었다.

 "등본은 받았어?"

 "결혼할 때 준다고만 했대요."

 그 말에 남편은 격분했다.

 "당신은 어디 있었는데? 지금 은희는 어디에 있는 거야?"

 "엠파이어 레스토랑에 저녁 먹으러 갔어요."

 남편은 목소리를 높였다.

"왜 당신은 같이 가지 않았어? 내가 몇 번이나 떨어지지 말고 같이 행동하라 했잖아! 세상 물정 모르는 애를 지키지도 않고…"

그는 불안과 분노에 휩싸인 채 수화기를 꽝 하고 내려놓았다.

나는 여전히 정류소에 홀로 앉아 있었다.

불안과 초조는 몸을 감싸고, 광풍처럼 몰아쳤다.

머리로는 '괜찮을 거야'를 되뇌지만, 가슴은 계속해서 나쁜 예감만을 키워갔다.

가방을 뒤적이다, 예루살렘 성지순례에서 사온 조그마한 십자가가 손에 잡혔다.

답답할 때면 꼭 손에 쥐고 기도하던 그것.

나는 그 십자가를 꼭 쥔 채, 딸의 무사함을 위해 조용히 기도했다.

눈은 딸이 걸어올 방향에 집중했고, 목은 굳은 듯 뻣뻣했다.

그저, 기도뿐이었다.

그렇게 3시간이 흘렀을까.

인파 속에서 누군가가 걸어오고 있었다.

은희였다.

"엄마, 미안해요. 오래 기다리셨죠?"

그 한마디에, 마음속을 짓누르던 불안과 초조가 마치 햇살 아래 눈 녹듯 스르르 녹아내렸다.

나는 얼마나 반가웠는지, 눈물이 핑 돌았다.

"저녁은 잘 먹었니? 어서 가자. 아빠가 기다리셔."

뉴저지로 돌아가는 막차 버스 안, 은희는 나지막이 말했다.

"주말이라 장소를 옮기자고 했는데, 엄마가 정류장에서 기다리고 있다는 말에 뿌리치고 왔어요."

나는 안도의 숨을 내쉬며 고개를 끄덕였다.

집에 도착하자, 남편은 여전히 화가 나 있었다.

"미스터 김은 내 마음속에서 벌써 끝났어. 결혼을 하겠다면서, 우리가 요구하는 건 하나도 주지 않고 말도 시원찮고, 순간만 넘기려는 얄팍한 수다로 빠져나가려는 사람에게 뭘 믿고 딸을 주겠어."

그리고 나를 향해 말하듯 퉁명스럽게 덧붙였다.

"그런 사람을 걸러내지 못한 당신도 책임이 있어."

하지만 은희가 고개를 숙이며 조용히 말했다.

"아빠, 엄마 잘못이 아니에요. 제가 어리석었어요. 오늘부터 깨끗하게 끊을게요. 그리고…."

그녀는 작은 녹음기를 내밀었다.

"저, 미스터 김과의 대화를 다 녹음했어요. 엄마랑 나중에 같이 들어보세요."

나는 딸의 손을 꼭 잡았다.

그 손이 참 따뜻했다.

3부.
녹음된 진심 앞에서

엠파이어 뷔페에서의 밤

뉴욕의 밤은 유난히 매서운 바람이 불었다.

은희는 미스터 김과 그의 친구들 네 명과 함께 엠파이어 뷔페식당에 들어갔다. 식당 안은 각국 사람들로 가득 찼고, 둥근 테이블마다 언어도 표정도 제각각이었다.

남자들은 각자 좋아하는 음식을 접시에 가득 담아와 소주잔을 부딪치며 왁자지껄 떠들고 있었다.

정치 이야기, 군대 이야기, 운동 이야기, 그리고 여자 이야기까지…. 그들의 대화는 한없이 가볍고 지루했다.

은희는 겉으로는 웃고 있었지만, 마음속으로는 점점 멀어졌다.

그녀가 알고 싶은 것은 오직 하나 - 미스터 김이라는 사람이 어떤 사람인지, 더 확실히 알고 싶었다.

하지만 이야기 속에서 드러난 것은 실망스러웠다.

이들은 오래된 친구들이 아니었다. 뉴욕에서 우연히 만나, 아파트를 함께 쓰며 주말마다 술을 나누는 그저 그런 룸메이트들이었다.

누구도 깊은 이야기를 하지 않았고, 그저 떠들고 웃으며 시간을 때우는 술자리일 뿐이었다.

한 남자가 말했다.

"은희 양, 술 하세요?"

"아뇨, 저는 술을 못해요."

"현대인 같지 않네요. 데이트할 때마다 전화하던 친구들이 바로 이 사람들이에요. 아까 누구냐고 물었을 때 대답 안 했죠? 소개할게요."

그는 옆에 앉은 사람들을 하나씩 소개했다.

은희는 점점 더 마음이 식어갔다.

시간은 늦어가고, 손목시계의 초침이 마치 속박처럼 느껴졌다.

엄마가 뉴욕 버스정류장에서 떨며 기다리고 있다는 사실이 가슴을 짓눌렀다.

"저 먼저 가볼게요. 엄마가 기다리세요."

일어나려는 은희를 미스터 김이 붙잡았다.

"벌써요? 아직 이른 시간이잖아요. 다른 데 가서 노래도 부르고 춤도 추고, 신나게 놀다 가요."

"저는 노래도 춤도 못 해요."

"미국에 사는 분이 아니네요."

"그런 사람도 있지만, 저는 아니에요."

그 순간 은희의 마음은 완전히 닫혔다.

술을 끊었다던 미스터 김은 병째 술을 마시고 있었고, 은희의 손목을 붙잡기까지 했다.

그녀는 단호하게 손을 뿌리쳤다.

"혼자 갈게요."

그렇게 말한 뒤, 그녀는 조용히 자리에서 일어나 빠른 걸음으로 인파 속으로 몸을 숨겼다.

식은땀이 흐르고 숨이 찼지만, 엄마가 기다리고 있는 버스 정류소가 있는 곳으로 한걸음에 달려갔다.

멀리서 엄마의 모습이 보였을 때, 은희는 안도했다.
"엄마, 미안해요. 오래 기다리셨죠?"
엄마는 은희를 보는 순간, 안도의 웃음을 지었다.
"어서 가자. 아빠도 기다리셔."
버스에 올라탄 은희는 엄마에게 조용히 말했다.
"그 사람들, 다른 장소로 가자고 계속 권했어요. 걱정돼서 그냥 나왔어요. 순간 떠오른 말씀이 있었어요. '근신하라, 깨어라. 너희 대적 마귀가 우는 사자같이 두루 다니며 삼킬 자를 찾나니…' 그래서 더 미련 없이 나왔어요."

"괜히 시간 낭비하고, 엄마만 고생시켜서 죄송해요."
엄마는 손을 꼭 잡으며 말했다.
"네가 두 번째 장소로 안 가고 돌아온 게 정말 고맙다."

뉴저지로 향하는 마지막 버스를 타고 집에 도착하니, 밤12시가 훌쩍 넘었다.

그날 밤, 차가운 바람 속에서 딸은 조용히 한 가지 결심을 품었다.

사람을 알아보는 눈과 자기 자신을 지킬 줄 아는 단호함이, 이제 그녀 안에 생기고 있었다.

녹음된 진심 앞에서

딸 은희가 내게 테이프를 건넸다.

"엄마, 미스터 김과 나눈 대화예요. 아빠랑 같이 들어보세요."

나는 조용히 플레이 버튼을 눌렀다. 낯선 남자의 목소리가 흘러나왔다.

"여자와 결혼하려면 남자는 능력이 있어야 합니다. 저는 결혼하면 여자를 데려와 집을 사고, 아이를 낳고, 또 한국에 있는 아이들과 새 부인과 함께 화목하게 살고 싶어요."

잠시 숨이 막혔다. 그의 말 한 줄 한 줄이 예사롭지 않았다.

"어디에 집을 사시려 하죠?"

"롱아일랜드에요. 결혼 원하십니까?"

"물론이죠. 결혼은 모든 남녀가 원하는 것 아닙니까."

그는 확신에 찬 목소리로 말했지만, 어딘지 모르게 흐릿하고 부유한 말투였다.

그때 은희의 차분한 음성이 들렸다.

"진심으로 결혼을 원하신다면, 아버지가 요구하신 호적등본을 보여주세요. 부인이 정말로 사망했는지 확인하고 싶습니다."

딸의 질문은 단호했지만 조심스러웠다. 가슴속에서 뭔가 아릿하게 울렸다. 이 어린 딸이 지금 얼마나 용기를 내고 있는지 느껴졌다.

"아니, 아버지가 목사님이신데, 나를 그렇게 못 믿으시나요?"

"아버지는 목사님이기 때문에 더욱 진실을 중요시하세요. 저 역시 그렇습니다."

은희는 한 치의 흔들림도 없이 자신의 입장을 지켜나갔다.

그리고 계속해서 조용히 말했다.

"결혼은 단순한 감정이 아니에요. 저는 그동안 결혼 생각조차 없었어요. 그런데 미스터 김의 자녀들 사진을 보면서 외로워 보이는 그 모습에 동정심이 생겼어요."

딸의 말에서 '사랑'이라는 단어는 없었다.
동정심, 그 감정이 결혼을 향한 문을 열 이유가 될 수 있을까?
"결혼은 부모와는 관계없는 일이에요. 우리 둘이 좋으면 되는 거예요."
하지만 은희는 담담히 대답했다.
"그렇지 않아요. 우리의 상황은 특별하잖아요. 부인이 사망하셨고, 자녀도 있는 상태니까요."
대화가 끝날 무렵, 그는 다시 설득을 시작했다.
"은희 양은 빨리 결혼해서 아이를 낳고 가정을 이루어야죠.
목사님 댁에 찾아갔을 땐 돈이 없다고 하셨지만, 결혼만 하면 집 살 돈은 넉넉합니다."
녹음은 그 지점에서 끝났다. 나는 테이프를 멈추고 한참을 말없이 앉아있었다. 정적 속에서 묵직한 생각이 맴돌았다.

그는 은희가 지닌 가치와 삶의 방향에 대해 진지하게 들으려 하지 않았다.

자신의 계획, 자신의 필요, 자신의 기대를 앞세울 뿐이었다.

그에게 '은희'는 한 사람의 인생이라기보다, 어떤 빈자리를 채우기 위한 수단처럼 느껴졌다.

그보다 더 안타까운 것은, 그런 사람에게도 은희는 한때 마음을 열려 했다는 것이다.

고민하고, 갈등하고, 그러나 끝내 자신의 중심을 지키려 한 딸이 대견하고 또 안쓰러웠다.

나는 테이프를 다시 감았다.

조용히 아버지에게 들려주기 위해서였다.

결혼은 감정이 아닌, 책임이고 신뢰라는 것을 은희는 이미 알고 있었다.

결혼의 갈림길에서

"너는 나이가 들어가는데 왜 아직도 결혼을 못 하니…."

엄마는 내 결혼 문제로 늘 걱정이 많으셨다.

같은 또래였던 리마는 스물두 살에 벌써 결혼을 했고, 나는 어느새 "노처녀"라는 이름표를 달게 되어 있었다.

엄마는 결혼정보회사에 나를 등록시키며 몇 사람을 만나보게 했지만, 조건도 마음도 좀처럼 맞질 않았다.

솔직히 말해, 나는 결혼이 싫었다.

망설이다 보니 세월이 훌쩍 지나 있었고, 남은 사람은 결혼 자리는 이혼한 남성뿐이었다.

"사람 됨됨이가 괜찮으면, 혼자 사는 것보다 낫지 않겠니?"

엄마는 그렇게 설득하셨고, 마지못해 미스터 김이라는 남자와 데이트를 하게 되었다.

첫인상은 그저 그랬다. 하지만 그는 기술이 있었고, 올림픽 금메달까지 땄다며 좋은 일을 하고 싶다는 뜻도 밝혔다. 이혼한 뒤 자식이 있다는 사실도 숨기지 않았다. 장래성이 있겠다는 기대, 누군가와 함께한다는 희망이 조금씩 자라나기 시작했다. 내 마음은 서서히 그의 쪽으로 움직이고 있었다.

그러나 엄마는 단호하셨다.
"호적등본 없이는 절대 결혼 안 돼."
처음엔 의아했지만, 점차 그의 말과 행동에서 어딘가 모르게 수상한 기운이 느껴지기 시작했다.

무언가를 숨기고 있는 듯한 그 사람…. 내 마음속에는 알 수 없는 미스터리 하나가 피어났다. 그를 더 알고 싶고, 진실을 확인하고 싶어졌다.

나는 결심했다.

"확실해지면 결혼하겠습니다."

하지만 엄마는 말했다.

"그 사람은 그만 잊고, 다른 사람을 알아보자."

그는 "결혼식 날 호적등본을 주겠다"고 했지만, 나는 받아들이기 어려웠다.

처음 결혼하는 처녀총각도 아닌, 상처한 남자의 경우엔 반드시 확인이 필요했다.

믿음은 말이 아니라 증명으로 쌓여야 하니까.

중매를 섰던 미세스 리는 보험을 팔기 위해 그를 소개한 것일 뿐, 그의 과거에 대해선 제대로 알지 못했다.

믿을 만한 서류 하나 제시하지 않는 미스터 김.

첫눈에 반했다며 결혼비용을 모두 감당하겠다고 했지만, 깊은 사랑을 증명할 수 있는 건 아무것도 없었다.

나는 마음속에서 허우적거렸다.

무엇이 진짜인지, 어떤 결정을 내려야 할지 알 수 없었다.

독신으로 사는 사람들이 많아진 세상인데, 왜 부모들은 결혼을 인생의 필수처럼 여기는 걸까.

결국, 나는 단호해졌다.

"호적등본을 보여주시지 않으면 결혼은 어렵습니다."

그날 이후, 매주 만나던 그의 연락이 뚝 끊겼다.

그는 전화를 피했고, 나는 상상 속에서 그와 통화하는 장면을 그려보았다.

"여보세요?"

내 목소리에 반가워하던 그의 음성은, "결혼은 어려울 것 같다"는 내 말에 곧장 바뀌었다.

아무 말 없이, "쌩큐."

그리고 수화기를 땅, 하고 끊었다.

너무 싱거웠다.

내가 이토록 고민하고 망설이며 내린 결정을, 그저 한 마디로 끝내다니.

그가 정말 상처한 남자인지, 아니면 시민권자를 만나 영주권을 얻으려는 속셈이었는지…

의심은 더 깊어졌다.

엄마는 말했다.

"엄마 후배 간호원이 상처한 사람이라 믿고 결혼했는데, 알고 보니 본처가 있었단다. 결국 딸 하나 남기고 헤어졌지."

그 이야기가 떠올랐고, 나는 안도의 한숨을 내쉬었다.

호적등본을 고집했던 엄마의 말씀이 옳았다.

그리고 그 수상한 흔적들을 외면하지 않았던 내 촉도 틀리지 않았다.

결혼이란 무엇일까. 마음만으로는 부족하다. 믿음을 증명할 수 있어야 하고, 진실이 바탕이 되어야 한다.

나는 지금 혼자다. 하지만 적어도 내 자신을 속이지는 않았다. 그리고 언젠가 진실한 사람을 만난다면, 이번엔 확신 속에서 걸어갈 것이다. 무릎 꿇은 사랑이 아니라, 정직한 눈빛으로 마주하는 사랑으로.

추수감사절의 저녁

추수감사절 아침, 하늘은 유난히 맑고 푸르렀다.

교회에서 오랜만에 만난 선생님과 웃으며 인사를 나누니, 마음까지 따뜻해졌다. 하늘에는 깨끗한 흰 구름이 가볍게 떠 있었고, 겨울나무의 앙상한 가지엔 참새 떼가 옹기종기 앉아 재잘거리며 노래를 불렀다. 그 청아한 소리가 내 마음을 포근하게 감싸주는 듯했다.

집안은 터키를 굽는 고소한 냄새로 가득 찼다.

며칠 전, 가족과 함께 다녀온 보스턴 플리머스 여행이 떠올랐다. 그곳에서 마주한 청교도들의 검소하고 근면한 삶의 흔적들, 그리고 그들로부터 시작된 미국의 역사는 경이로움 그 자체였다.

오늘 저녁 식탁에는 그 시절 첫 수확했던 곡식들, 옥수수와 감자, 콩이 함께 올랐고, 한국식 나물과 과일, 그리고 정성껏 구운 터키가 큰 쟁반에 담겨 테이블 한가운데를 장식했다.

올해 해병대 장교가 된 막내 동생이 첫 휴가를 맞아 집에 왔다.
가족 모두가 둘러앉아 아버지의 기도 소리를 들으며, 청교도들의 유래와 감사의 의미를 다시금 되새겼다.
기도가 끝나자, 엄마는 꽃접시에 뭉근히 김이 나는 터키를 푸짐히 담고, 그 위에 진한 그레이비를 부어주며 말씀하셨다.
"이 모든 것에 감사하며, 올해도 건강하게 잘 먹자."
막내 동생은 터키를 유난히 좋아했다.
우리가 한 접시도 다 비우기 전에 그는 벌써 두 접시를 해치우고 세 번째를 향했다.
군 입대 전부터 운동을 규칙적으로 해왔고, 건강관리에 철저했던 그는 고등학교와 대학교 시절 내내 성실함으로 주목받았다.
엄마는 늘 그를 두고 농담처럼 말씀하셨다.

"얘가 집 안을 걸어 다니면, 이렇게 큰 집도 작아 보인다니까."

저녁 식사가 끝나고 다과를 나누던 중, 둘째 동생이 조심스럽게 말을 꺼냈다. 변호사로 일하는 그는 늘 말이 조심스러웠지만, 이 날은 예외였다.

"누나, 미스터 김이 누나와 결혼하고 싶다면서 왜 family record (호적등본)를 안 보여주는 거야?

순진한 목사님들 이용해서 시민권 얻으려는 수작이라면 더 이상 만나지 않는 게 좋아.

아빠 말씀 듣고 잘 판단해."

엄마도 날 바라보며 목소리를 높이셨다.

"그런 사람하고 왜 데이트를 해? 믿음이 있다고 다 좋은 건 아니잖니."

나는 억울한 듯 말했다.

"믿는 사람이라고 해서 데이트해본 거예요. 상처한 사람이라지만 진심이 느껴졌고…, 죠지 뮬러도 제임스 라이트처럼 상처한 사람에게 자기 딸을 시집보냈잖아요. 하나님의 뜻이라 믿고 말이에요."

둘째 동생이 말을 이었다.

"내가 여자를 사랑하면, 그 사람이 family record 보여달라고 해도 당장 줄 수 있어. 내 변호사 자격증도 보여줄 수 있고. 확실한 증거가 있으면 나쁘지 않다고 생각했지만…, 누나는 이제 나이도 있고, 엄마는 밤마다 걱정하며 잠도 못 주무셔."

말을 옆에서 듣고 있던 군인 동생이 웃으며 덧붙였다.

"누나는 원래 미스터 리 찾는 거 좋아하잖아. 이번에도 잘 찾아봐. 확실하면 결혼해. 걱정 마, 누나!"

웃음 속에 묻힌 말들이었지만, 내 마음속에는 여러 갈래의 감정이 뒤섞여 파도처럼 일렁였다.

식사가 끝나고, 나는 조용히 방으로 들어왔다.

그의 마지막 전화가 떠올랐다. 나는 너무 냉정하게, "더는 어렵겠다."고 말했고, 수화기 너머 그는 숨가쁘게 몰아쉬며 단 한마디를 남겼다.

"쌩큐."

그리고 '딸깍'하고 전화가 끊기는 소리가 났다.

그 찰나의 침묵이, 오히려 더 많은 말을 들려주는 듯했다.

지금도 가끔 생각한다.

그에게 내가 너무 가혹했나. 아니면, 신뢰 없이는 사랑도 없다는 진실을, 서로 너무 늦게 알았던 걸까.

올해의 추수감사절은, 그렇게 한 사람을 떠나보낸 저녁이었다.

가족의 온기 속에서, 믿음과 의심, 사랑과 판단 사이를 조용히 오가며 나는 한 해의 끝을 되새겼다.

감사란, 때로는 선택하지 않은 길에서도 찾아오는 법이다.

그리고 그 감사는, 조용한 밤, 스스로를 되돌아보는 용기에서 시작되는지도 모른다.

확인의 시간

날씨가 따뜻했다.

화장을 한 듯한 봄날 같아서, 남편은 외투도 걸치지 않고 집을 나섰다.

"왜 외투 안 입으세요?"

직원의 말에 웃으며, "오늘은 뉴욕에 봄이 먼저 왔네요." 하고 답하던 남편은 곧 뉴욕의 한국 문화원을 향해 걸음을 옮겼다.

미스터 김이라는 남자의 이름을 확인하기 위해서였다.

그는 국제올림픽 금메달 수상자라 했고, 우리 딸과 결혼을 하려 했다.

하지만, 문화원에서는 그의 이름을 찾을 수 없었다.

남편이 이름을 말하자, 직원이 고개를 갸웃했다.

"6개월 전에도 같은 이름을 가진 어떤 남자분이 확인하신 적이 있었어요."

"어떻게 확인할 수 있을까요?"

"문화원 쪽으로 문의하시면 됩니다."

점심시간이라 담당자인 고 박사님은 잠시 자리를 비웠고, 30분 후 돌아오신 그에게 남편은 다시 이름과 날짜를 적어 건넸다.

"딸과 결혼하려고 합니다. 그래서 정확히 알고 싶습니다."

고 박사님은 조심스레 대답했다.

"그해에는 국제올림픽 금메달 수상자가 없습니다. 아마 국내 산업단지 기능공 훈련에서 수상한 것 같군요."

'국제가 아니라 국내라면?' 남편은 다음 날, 다시 한국 부산으로 전화를 걸었다.

"여기는 미국인데요, 뭘 좀 알아보려고 합니다."

안내원이 응대했지만, 담당 직원은 출장 중이었다.

"다음 주 월요일에 다시 전화 주세요."

며칠 후, 다시 전화한 남편은 이번엔 조금 진척된 이야기를 들을 수 있었다.
"국내 기능직 보석부에서 금메달을 수상한 기록이 있습니다. 소속은 서울 홍보당으로 되어 있습니다."
그제야 남편은 안도의 한숨을 내쉬었다.
"국제가 아니어도 좋습니다. 기술이 있고, 상처가 확실하다면…, 결혼을 허락하겠다."

그러던 그날 오후, 미세스 리에게서 전화가 걸려왔다.
"오늘 제가 미스터 김에게 직접 전화했어요.
은희 양이 결혼 의사가 없다는데, 왜 내가 서류를 줘야 하냐고 묻더군요."
그녀는 단호한 말투로 덧붙였다.
"결혼한다고 당장 죽는 것도 아니고, 뭐가 그리 아쉬워 서류를 먼저 주면서까지 매달리겠어요? 데이트할 때도 은희 양이 명확하게 승낙한 적 없잖아요. 결혼이 확실하면, 그때 보여줘야지요."

중매자와의 통화가 끝나기도 전에, 이번에는 미스터 김에게서 직접 전화가 걸려왔다.
"12월 7일에, 다시 한번 만나고 싶습니다."

그날 밤, 나는 다시 생각에 잠겼다.
결혼이란 무엇일까. 확신이 있어야만 서류를 줄 수 있다는 것, 확신이 없으니 서류를 미룬다는 것. 양쪽 모두 이해되었다.
그러나 결혼이란, 단지 사실을 확인하는 문제는 아닐 것이다. 정말 중요한 건, 그 사람의 마음과 진심일 테니까.

그리고 나는 아직, 그 진심을 확인받지 못한 채, 조용한 봄날의 긴 전화 속을 걸어가고 있었다.

호적등본

 매서운 바람이 몰아치던 어느 겨울날, 나는 뉴욕행 버스를 타고 있었다. 미스 리로부터 연락을 받은 뒤, 드디어 미스터 김에게서 호적등본을 받기로 한 날이었다. 차창 밖엔 싸늘한 회색빛이 내려앉고, 내 마음속도 마찬가지로 어지럽고 흐렸다.

 엄마는 늘 말씀하셨다.
 "한 해라도 빨리 결혼하는 게 여자에게는 좋은 거야."
 그 말이 내게는 위로이자, 때로는 재촉처럼 들렸다.

 미스터 김과 마주한 사무실. 그의 표정은 어둡고 굳어 있었다. 걱정과 피로가 한 겹 한 겹 쌓여 무겁게 내려앉은 얼굴, 그리고 말없이 건네준 노란 봉투.

"이 속에 서류가 들어있습니다."

얼음처럼 차가운 말 한마디를 남기곤 곧장 일을 시작했다.

엘리베이터를 타고 내려오며 봉투를 열어보았다.

핸드폰이 울렸다. 엄마였다.

"서류 받았니?"

"네…, 그런데 부인 이름은 없고, 아이들 이름만 있어요."

엄마는 말없이 잠시 있다가,

"그럼 다시 올라가서, 점심이나 같이 하자. 오라고 해."

점심 식사 자리에서, 미스터 김은 조심스럽게 말했다.

"약혼도 결혼인데 변하시면 안 됩니다. 결혼, 꼭 해주실 거죠?"

나는 대답 대신 고개를 끄덕였다.

"오늘 은희 양이 여기 온 건 결혼을 하려고 서류를 받으러 온 거 아닙니까? 다음 주엔 롱아일랜드 쇼핑몰에 가서 비즈니스 할

장소도 같이 보러 갑시다. 전화 드리겠습니다. 아니면 먼저 전화 주세요."

말은 다정했지만, 그의 눈빛은 어딘가 초조해보였다.

"지하실 내려가서 보석 구경할까요?"

그와 함께 간 넓은 지하 보석 전시장엔 쇼케이스마다 진열된 보석들이 찬란하게 빛나고 있었다. 각국 사람들로 붐비는 국제 시장 속, 그는 나보다 앞서 빠르게 걸었다.

그러다 갑자기 내 시야를 그의 몸으로 막더니,
양 어깨를 잡고 내 몸을 반대 방향으로 돌려세웠다.
"왜 그러세요?"
말은 하지 않았지만, 나는 이미 걸어오며 두 남자를 보았다.

그들은 분명히 한국말을 하고 있었다. 한 사람은 주인 같았고, 다른 한 사람은 세일즈맨 같았다.

"조금 전에 본 그 남자, 왜 그냥 나왔어요?"

나는 조심스레 물었다.

"그 사람은 한국에서 나와 경쟁하던 사람입니다. 나의 라이벌이죠."

그는 곧 검은 벨벳 천 위에 놓인 목걸이를 가리켰다.
며칠 전, 부모님께 보여주겠다며 말하던 그 다이아몬드 목걸이였다.
"이건 이만 불이에요. 소매가는 삼만 불 넘게 받아요."

잠시 후, 미스터 김과 나를 함께 보던 중년의 미국 여성이
"두 사람, 형제 같아 보이네요"라고 말했다.
나는 웃으며 "친구예요"라고 했다.
그러자 미스터 김은 정색하며 말했다.
"친구."

그 말이 유난히 또렷하게 들렸다.
무엇 때문이었을까.

그가 방금 내 시야를 막은 이유, 라이벌이라는 한국 남자, 그리고 친구라는 말 뒤에 숨은 그 어색한 뉘앙스. 모든 것이 내 마음속에서 수상한 물음표로 번져갔다.

버스를 타고 돌아오는 길, 마음속은 무겁고 불편했다. 아버지는 호적등본을 원하셨는데, 미스터 김이 준 건 '초본'이었다.

"결혼 서류라면서 초본이 웬 말이냐?"
커피를 마시며 말한 은희의 목소리가 떠올랐다.
남편도 이미 예감하고 있었다.
"은희가 가져올 건 초본일 거야. 김 씨는 고집이 세니까, 결혼식 날에 등본을 줄 생각일지도 몰라."

실제로, 남편이 서류를 확인하자마자 얼굴이 붉게 달아올랐다.
"아주 계획적이네. 내가 생각한 그대로야."

결국 우리는 마음을 굳혔다.

"직접 한국에 알아봅시다."

"아빠, 그게 좋겠어요."
내 목소리는 차분했지만, 마음은 점점 불안으로 물들고 있었다.

독촉 전화

이른 아침, 가게 문을 여는 순간부터 전화벨이 요란하게 울렸다. 받기도 전에 예감은 분명했다. 미스터 김이었다.

"내가 준 서류, 한국에 알아보셨어요?"

그의 목소리는 다급했고, 말끝마다 다그침이 묻어 있었다.

나는 조용히 수화기를 들었다.

"은희 양, 내일 롱아일랜드 함께 가서 사업장소 알아보자고 한 약속, 잊지 않으셨지요? 서류 드린 지가 언젠데 아직 확인도 안 하셨다니…."

그는 조바심을 숨기지 못한 채 말을 이어갔다.

"서둘러 주세요. 결혼이 결정되면 사업 준비도 함께 해야 합니다."

그 말 속엔 자신감이 묻어 있었다.

"제 초본에 부인 이름이 없는 걸 보셨지요? 그럼 된 겁니다. 초본이면 충분해요."

그는 초본 하나로 모든 것이 정리될 수 있다는 듯 결혼을 서둘렀고, 결혼 비용에 대해서도 걱정 말라며, 이미 신부 패물까지 준비되어 있다고 했다.

"예식 장소는 두 곳 중 고르세요. 금강산 예식장은 삼만 불쯤 들지만, 제가 다니는 교회에서 하면 훨씬 저렴합니다. 둘 중 어느 쪽이든 은희 양이 편하신 대로 하시면 됩니다."

그는 모든 걸 준비했다는 듯 말을 쏟아냈지만, 그 말끝은 마치 소낙비처럼 조급하고 단단했다.

나는 간신히 "네, 알겠습니다."하고 답했다.

사실 아버지는 내일, 한국으로 전화를 걸어 확인하실 예정이었다.

아버지는 꼼꼼하고 자상한 분이다. 딸의 결혼을 결정짓는 서류 한 장을 두고도, 단 한 치의 오차도 허락하지 않으신다. 이해한다. 그분의 의심과 신중함은 세상을 살아오며 얻은 소중한 방패였다.

"상처가 확실하면 결혼은 가능하다."

이 조건은 분명했고, 나 또한 그 기준을 따르기로 마음을 정한 상태였다.

나는 미스터 김의 마음도 안다.

상처한 자신에게도, 아이들에게도 새로운 삶을 주고 싶은 간절함. 그 마음은 진실했을 것이다. 하지만 마음만으로 모든 것이 이뤄지는 건 아니었다.

조건이 맞지 않으면 결론은 나지 않는다는 것, 그 단순한 이치를 그가 받아들이지 못하는 듯하여 안타까운 마음이 들었다. 서둘러 다가오는 그의 발걸음이, 도리어 나의 뒷걸음질을 부추기는 것만 같았다.

4부.
마지막 확인

한국에 전화하다

남편은 하루 종일 한국의 업무 시간에 맞춰 전화를 걸 타이밍만을 기다렸다. 초조한 마음으로 시계를 수차례 들여다보다, 마침내 경기도 부천시 동사무소에 국제 전화를 걸었다.

"여기가 미국인데요, 미스터 김이라는 사람의 호적등본을 알아보려 합니다."

이름과 주민등록번호를 불러주자, 직원은 간단히 대답했다.

"본적지에 가서 본인 서명과 도장이 있어야 발급됩니다. 그렇지 않으면 선임 변호사를 통해야 합니다."

하지만 미스터 김은 본적지조차 명확히 말해주지 않았다. 경상도 어디쯤이라는 말뿐. 인터넷으로는 아무리 검색해도 실마리가 잡히지 않았다. 결국, 한국에 있는 조카에게 부탁을 하게 되었다.

"그 사람이 국제올림픽 금메달 수상자라고 해서 딸과 결혼을 시키려 하는데, 본적지가 확실치 않아 확인이 필요해."

조카는 말끝을 흐렸다.

"그 사람이 보석상이라 큰 부자일지 몰라도, 왜 하필 은희를 재혼 상대로 선택하게 된 거죠?"

나는 잠시 머뭇거리다가 말했다.

"7년 전 상처했고, 은희도 그를 싫어하진 않아. 무엇보다 호적등본에 상처 기록만 확실하다면, 무력한 총각보단 예수를 믿고 성실히 사는 기혼자가 낫다고 판단했단다."

조카는 잠시 조용하더니, "며칠 걸릴 테지만 제가 알아볼게요." 하고 전화를 끊었다.

며칠 후 다시 전화를 걸었다. 조카며느리가 받았다.

"큰일 났어요. 경찰국에서 조사를 받으러 갔다가 막 돌아오셨어요."

 수화기 너머로 조카가 등장하자마자, 첫 마디는 분노로 가득 차 있었다.

 "아주 계획적인 사기꾼이에요. 그 사람, 현 부인이 경찰에 실종 신고했고, 경찰국엔 이미 수배 중이에요."

 충격은 컸다. 얼굴이 화끈거리고, 숨이 턱 막혔다.
 "호적등본은 받을 수 있어?"
 내가 물었다.
 "작은아버지, 대법원에서 오래 근무하셨잖아요. 지금 더 뭘 확인하셔야 해요?"

 조카는 경찰국에 아는 친구가 있어서 미리 조회를 했다며, 그간의 내막을 조심스럽게 밝혔다.
 "그 사람, 미국에서 한 번 결혼했어요. 목사님 딸과 딸 하나 두고 살다가 한국에 나와 본부인과 자식들과 재결합했어요. 지금 보석상 세 곳 운영하며 큰 부자 행세 중이지만, 그 재산 대부분을 미국의 첫 부인이 소송해서 가져간 사건도 있었어요.

그리고 본적지 주소는 믿기 어려운 빈민촌입니다. 호적초본엔 부인 이름을 빼고 상처했다고 거짓으로 기록된 상태고요. 누가 소개했는지 모르겠지만, 그 중매자도 사기꾼 같아요."

나는 고개를 떨구었다.

"잘 알았다. 수고했다. 고맙다."

왜 나는 이렇게 어리석었을까. 조카 앞에서 부끄러움을 감출 수 없었다. 그는 은희에게 100% 믿으라고 강요했고, 초본만 내밀며 결혼을 서둘렀다. 결혼비용 전액 부담에 패물까지 준비되었다는 감언이설에도, 나는 끝내 속지 않았다. 남편은 이미 눈치채고 말렸었다. 그때 그 말을 들었더라면, 조카에게 이런 수치를 당하지는 않았을 것이다.

결혼하자던 사람을 놓친 건, 그가 싫어서가 아니라, 결혼에 관심이 없었던 시절이었기 때문이다. 좋은 사람도 있었지만, 내가 잡지 못했고, 이제는 나이 들어 내 앞길을 다시 생각하게 된다.

미국 신문에 자주 등장하는 '영주권을 위한 사기 결혼' 사례들이 떠올랐다. 특히 여성들의 피해가 컸다. 나는 뉴욕의 법률사무실에서 일할 때 이런 사건들을 많이 다루었기에, 쉽게 속지 않으려 애썼다. 그리고 지금, 그 선택이 나를 지켰다.

"은희야, 미안하다."
엄마는 조심스럽게 말을 이었다.
"인품 좋고 능력 있는 분이면 기혼자라도 괜찮다고 생각해서, 너를 설득해 데이트하게 만든 건 엄마의 경솔함이었어. 이해해줄 수 있겠니?"

남편은 지나간 일이라며, 은희를 다정히 칭찬해주었다.
"그래도 아이는, 흔들리지 않고 중심을 잘 잡았어."

불빛이 요란했던 식당, 신발을 벗고 들어간 어두컴컴한 장소, 값비싼 다이아몬드를 보여주고, 핸드폰까지 선물하려 했던 그날. 은희는 그 무엇도 받지 않았다.

그녀는 끝내 남자 넷과 함께 2차 장소로 따라가지도 않았다.

그날, 엄마는 밤새 잠도 자지 못한 채 기도하며 딸의 무사 귀가를 기다렸다. 그리고 그 기도가, 끝내 딸을 지켜주었다.

중매자와의 전화 통화

한동안 가슴속에 눌려 있던 무거운 덩어리가, 스르르 녹아내렸다. 12월의 공기. 춥지도 덥지도 않은 적당한 날씨처럼, 내 마음도 고요하고 상쾌했다. 비 온 뒤 맑게 갠 하늘처럼, 내 안에 곤욕스러웠던 감정이 마침내 물처럼 흘러나와 버렸다. 햇살은 내 어깨를 따뜻하게 덮어주었고, 나는 오랜만에 숨을 크게 들이마실 수 있었다.

그때였다. 전화벨이 울렸다. 중매자 미세스 리였다.
"사모님, 결혼 진행은 잘 되어가나요?
미스터 김이 어제 또 전화했어요."
나는 숨을 고르고, 차분히 대답했다.

"미세스 리, 그분한테 더 이상은 여자 소개하지 마세요."

그리고 천천히, 그러나 단호하게 말을 이어갔다.

"미스터 김은 부인과 아이들이 한국에서 함께 살고 있어요. 상처하지도 않았어요. 자기는 자식들이 그리워 미칠 것 같다고, 밤이면 뒤척이다가 꿈속에서 아이들과 넓은 들을 달리며 놀다가 '아빠!' 부르는 소리에 벌떡 일어난다는데…, 그건 꿈이지 현실이 아니잖아요."

미세스 리는 말을 잇지 못했다. 나는 계속해서 설명했다.

"초본을 보여주며 빨리 확인하라고 재촉해서 한국에 있는 조카에게 부탁했어요. 그랬더니 '가출자, 행방불명자, 수배 중.'이라고 경찰국에서 연락이 왔고, 신고하면 송환될 상황이라고 하더군요."

전화기 너머로 침묵이 흘렀다. 나는 덧붙였다.

"우린 그를 미워하지 않아요. 당한 것도 없고, 그냥 결혼을 안 하면 그만이에요. 미세스 리, 당신께선 잘못한 게 아니에요. 그 사람이 상처했다고 하니, 믿고 소개한 것뿐이잖아요. 우리가 조심스럽게 확인했기에 밝혀진 진실이에요."

그제야 미세스 리가 말을 뗐다.

"은희 양, 마음이 많이 상했겠어요…. 그런데 사모님, 체증이 빠진 것처럼 마음이 뻥 뚫렸다고 하시니, 안심이 돼요. 부모님의 말씀에 순종해 데이트 자리에 나간 거였겠지요."

그 목소리엔 진심이 묻어 있었다.

"사모님, 정말 죄송합니다. 저도 그 사람이 여권을 보여주며 중국, 일본, 미국을 오간 이야기를 들었어요. 살길을 찾아 헤맨 흔적이었겠죠. 그런데 결국 38세 된 노처녀인 은희 양 앞에서 덜미가 잡힌 셈이네요."

나는 말없이 고개를 끄덕였다.

그녀는 조심스레 말을 이었다.

"부모님이 신경 안 쓰셨다면, 교묘한 작당에 은희 양도 넘어갔을지 몰라요. 문득 '수일과 심순애' 이야기가 떠올랐어요. 다이아몬드 반지에 눈이 어두워진 심순애처럼 될까 봐 걱정했거든요. 그래서 데이트 보내면서도 마음 졸였어요."

나는 중매자가 처한 입장을 충분히 이해했다.

"은희 양이 미스터 김에게 결혼 얘기 꺼내지 말라고 했고, 다른 피해자가 생기지 않도록 소개도 중단해달라고 했어요. 그냥 모르는 척하고 지나가 주세요. 그렇게만 전해주세요."

그녀는 마지막 인사를 건넸다.

"사모님…. 저를 이해해주셔서 감사하고, 다시 한번 죄송합니다. 안녕히 계십시오."

전화를 끊고 나니, 마치 한 계절을 지나온 듯 마음이 차분해졌다. 누구도 상처받지 않기를, 누구도 속이지 않기를 바랐던 이 짧은 여정이 비록 결혼으로 이어지진 않았지만, 우리 가족은 소중한 것을 지켰다. 신중함, 진실, 그리고 서로를 향한 믿음. 그것이면 충분했다.

크리스마스 카드

초저녁 별빛이 유난히도 반짝이던 날이었다. 그중에서도 하나, 유독 밝게 빛나는 큰 별 하나가 눈에 들어왔다.

'혹시 저 별이, 옛날 동방박사들을 인도하여 예수의 탄생지로 이끌던 그 별일까?'

나는 조용히 커튼을 걷고 밤하늘을 올려다보았다. 별은 별대로, 달은 달대로 제 몫의 빛을 발하며 겨울 하늘을 수놓고 있었다.

이제 크리스마스가 열흘 남짓 남았다. 거리엔 이미 크리스마스 장식이 반짝이고, 나무마다 조명이 둘러져 있다. 하늘의 별을 흉내 내려는 듯, 반짝이는 불빛들은 제각기 빛나며 겨울밤을 장식하고 있었다.

나는 조용히 책상에 앉아 크리스마스 카드를 썼다. 그동안 있었던 일들을 마음속으로 정리하며, 미세스 리에게는 고마움의 인사를, 미스터 김에게는 조심스럽지만 분명한 바람을 담았다.

"좋은 남편이 되고, 좋은 아버지가 되길 바랍니다. 무엇보다 솔직하고 정직한 사람이 되어 남을 기만하지 않기를 바랍니다."

나의 진심이었다. 다만, 그 진심이 그에게 어떻게 닿을지는 알 수 없었다.

며칠 뒤, 미세스 리에게선 고맙다는 전화가 먼저 왔다.

곧이어 정갈한 손글씨로 적힌 답례 카드도 도착했다. 그러나 미스터 김에게선 아무 소식이 없었다. 혹시 그 글이 그의 마음을 불편하게 만든 걸까? 아니면, 주소가 잘못되어 전달되지 못한 걸까?

나는 잠시 고민에 빠졌다. 혹시 초본도 돌려줘야 하니, 만나자는 명분으로 전화해볼까? 이런 생각이 드는 스스로가 조금 낯설기도 했다.

그러나 마음 한켠에서는 알 수 있었다. 이 궁금함은, 다시 그와 얽히고자 하는 바람이 아니라, 정리되지 않은 감정의 마지막 매듭을 묶고 싶은 내면의 의지였다.

별은 여전히 밤하늘에 빛나고 있었다. 누군가에게는 길을 잃지 않도록 인도하는 별일 것이고, 또 누군가에겐, 다시는 가지 말아야 할 방향을 조용히 일러주는 별이 될 수도 있을 것이다.
이번 겨울, 내게 크리스마스는 그런 별처럼 다가왔다.

마지막 확인

이른 아침, 가게는 손님들로 붐볐다. 수선할 옷들도 밀려 있었고, 엄마는 혼자 분주하게 움직이고 계셨다. 나는 잠시 엄마 곁에서 일손을 거들다, 조심스럽게 뉴욕에 다녀오겠다고 말씀드렸다.

"오늘같이 바쁜 날 어딜 간다는 거냐."

엄마는 단호하게 반대하셨다.

하지만 오늘은 꼭 다녀와야 할 이유가 있었다. 여동생과도 상의할 일이 있고, 함께 저녁을 먹기로 약속했으니 일찍 돌아오겠다고 말씀드렸다. 엄마는 끝내 못마땅한 표정이셨지만, 나는 다짐하듯 나섰다.

사실 오늘의 목적은 여동생이 아니었다. 오후 5시, 버스정류장 근처의 커피숍에서 미스터 김과 만나기로 되어 있었다. 그와의 마지막 인사를 나누고, 크리스마스 카드가 잘 도착했는지 확인도 하고 싶었다. 무엇보다, 그가 과연 진실을 고백하는 사람인지… 그 점이 가장 큰 호기심이었다.

가벼운 떨림을 안고 작은 테이블에 마주 앉았다. 커피 두 잔이 놓인 테이블 위로 묘한 긴장감이 감돌았다. 마치 내가 콜롬보 형사라도 된 듯, 마음속에서 질문들이 조심스럽게 정리되기 시작했다.

나는 조용히, 그러나 또렷하게 그를 바라보며 입을 열었다.

"다이아몬드 세공 기술은 어디에서 배우셨나요?"
"학교에서 배운 건 아니고요. 열여섯 살 때 고모부의 보석상에서 일을 배우기 시작했습니다."

"금메달은 국제대회에서 수상하신 건가요?"
"오래전 일이라 기억이 흐릿한데…, 아마 국내였던 것 같습니다.

서울에서 받았어요."

"최종 학력은 어떻게 되시나요?"

"독학을 좀 했습니다."

질문은 하나씩 이어졌고, 그는 머뭇거리며 대답했다. 말을 돌리는 듯한 기색이 느껴졌지만, 나는 끝까지 차분하게 물었다.

"앞으로 생활은 어디서 하실 생각이신가요?"

"한국에선 너무 힘들었어요. 기술을 가졌어도 이용만 당하고, 분통 터지는 일도 많았고요. 미국은 노력한 만큼 대가가 돌아오니까요. 이제 복 받은 셈 치고 평생 미국에서 살고 싶습니다."

신앙에 대한 질문에도 그는 머뭇거리다 대답했다.

"미국 와서 교회 다니기 시작했고, 세례는 ○○교회에서 받았습니다. 지금은 ○○장로교회 다니고 있고요. 다만 일이 많아 자주 출석하진 못합니다."

나는 마지막 질문을 꺼냈다.

"결혼은 언제 하셨습니까?"

그는 잠시 시선을 피하더니 말했다.
"기차 안에서 만나 1년쯤 교제하고, 제가 스물두 살 때 결혼했습니다. 부인이 고등학교를 막 졸업했을 무렵이었죠. 지금 생각해보면 참 어리석은 사랑이었습니다. 외모만 보고 한 결혼이었고, 후회가 많아요."

그는 갑자기 내 눈을 바라보며 말을 이었다.
"은희 양을 처음 만난 날, 금강산 식당에서 부모님과 함께 있었죠.
그때 첫인상에 반했습니다. 은희 양의 미소는 참 따뜻했고, 그 편안함이 매력적이었습니다. 결혼하고 싶은 마음이 간절했고, 아이들과 함께 살고 싶은 욕망이 가슴을 뒤흔들었어요."

그러나 나는 이미 알고 있었다. 그가 숨기고 있는 진실, 끝까지 내놓지 않으려 했던 호적등본, 그리고 살아있는 부인과 자식들.

그의 말들은 감정을 덧씌운 껍질일 뿐이었다.

마지막으로 조심스럽게 물었다.

"부산에 계시는 고모부는 아직도 보석상 하시나요?"

그는 시선을 피하며 대답했다.

"지금은 잘 모르겠습니다."

그 순간, 그의 얼굴에 붉은 기운이 돌았다. 눈빛엔 당황과 불편함, 들켜버린 사람의 분노가 스치듯 지나갔다.

나는 더 묻지 않았다. 이미 확인은 끝났고, 그가 누구인지도, 어디에 뿌리를 두고 있는지도 충분히 알았다. 이제 내 마음속에도 마지막 이별을 고할 시간이었다.

그날 이후, 나는 미련 없이 돌아섰다. 속지 않았다는 사실에 감사했고, 주님이 나를 지켜주셨음을 깊이 깨달았다. 그리고 부모님의 반대가, 때론 가장 큰 보호막이었음을 알게 되었다.

거짓과 분노

슬픔과 분노가 교차하는 순간이었다. 억울함에 금방이라도 눈물이 쏟아질 듯한 눈빛을 억누르며, 고통과 어려움을 견디는 듯한 미스터 김의 얼굴을 마주하고 있자니, 나조차 민망해졌다.

그때 불어온 바람에 테이블 위의 종이 한 장이 바닥으로 날아갔다. 몸을 굽혀 종이를 줍는 내 모습을 그가 유심히 지켜보고 있었다.

나는 조심스럽게 물었다.
"부인 사망 원인은 무엇인가요?"
그는 잠시 뜸을 들이다 대답했다.
"일본에서 함께 살다가, 아이들 교육 문제로 부인이 먼저 한국에 들어갔어요.

워낙 술을 좋아하던 사람이라… 술에 취한 채 운전을 하다가, 마찬가지로 술에 취한 남성과 충돌해 함께 사망했어요. 그때 나는 일본에 체류 중이라 장례식에도 참석하지 못했습니다."

그의 말을 듣는 순간, 내 귓가엔 '펑' 하고 무언가 터지는 소리가 울렸다.

이미 한국에 조회를 통해 모든 사실을 알고 있었기에, 끝까지 나를 속이려는 그 거짓말이 더욱 분노를 일으켰다.

'아니, 어떻게…. 어떻게 여기까지 와서도 거짓으로 포장할 수 있단 말인가.'

입안에서 치밀어 오르는 말들이 목까지 올라왔다.

"네 부인은 살아있어. 아이들과 함께 지내고 있고, 네 부인이 널 경찰에 신고했어. 넌 한국에서 가출자요, 수배 중인 행방불명자야."

이 말을 꾹 눌러 삼키기 위해 입술을 깨물고, 손바닥으로 입을 막았다.

그리고는 그의 얼굴을 정면으로 응시했다.

그는 눈을 나에게 고정시키고 깊은 한숨을 내쉬었다.

"어릴 때 가난해서 배고팠어요. 살기 위해 기술을 배웠고… 미국엔 좀 나아지려고 온 건데… 날 용서해줄 수 있나요?"

나는 조용히 대답했다.

"진실한 고백이 있을 때, 용서도 의미가 있습니다."

그는 갑자기 붉어진 얼굴로 정색하며 물었다.

"은희 양, 성경 읽고 계세요?"

"예. 제 생활은 말씀과 기도로 이어집니다."

잠시 침묵이 흘렀다.

"조금 있다가 전화 드리면 받아주시겠습니까?"

나는 단호하게 대답했다.

"잘못 걸려온 전화라고 끊을 겁니다. 예수님은 원수를 사랑하라고 하셨지만, 사탄은 대적하라고 하셨습니다."

참고 참았던 말을 조심스럽게 꺼냈다.

"한국에 있는 사촌 오빠를 통해 본적지를 조회했어요. 부인은 아이들과 함께 살고 있고, 돌아가셨다던 부모님은 아버지는 72세,

어머니는 68세로 사망하셨더군요. 그런데 살아있는 부인을 사망했다고, 돌아가신 어머니는 살아계신 것처럼 말하는 게 말이 됩니까?"

그는 아무 말 없이 얼굴을 붉히며 천장을 바라보다 고개를 숙였다.

"정략적 결혼으로 나와 살기 위한 계획이었나요?

나는 더 이상 미련 없습니다. 말씀 듣고, 오래전부터 마음을 정리했습니다."

나는 그에게 호적초본을 돌려주었고, 조용히 물었다.

"크리스마스 카드, 읽어보셨나요?"

그는 "왔지만 열지 않았습니다."라고 말했다.

"여동생과 약속이 있어서 먼저 일어나겠습니다."

그 말을 남기고 자리를 떠나며 마지막 인사를 건넸지만, 그는 아무런 반응도 없이 양손으로 턱을 괸 채 얼음장처럼 굳어 있었다.

그 모습이 마치, 생기가 빠져나간 사람처럼 느껴졌다.

나와 부모님을 속이고, 끝까지 호적등본조차 내놓지 않으면서 결혼을 시도한 이 사람에게서 벗어날 수 있었던 건 참으로 다행이었다. 하마터면, 돌이킬 수 없는 삶의 고통에 빠질 뻔했다.

  나는 부모님께 감사했고, 무엇보다 내 마음을 지켜주신 주님께 감사했다.

중매 소개

결혼을 진지하게 생각할 나이는 아니었지만, 교회 권사님은 자꾸만 중매 얘기를 꺼내셨다.

"은희는 엄마 대신 동생도 잘 돌보고, 교회에서도 성실하니까 좋은 사람 있으면 중매라도 해보자."

그 말씀이 반쯤 농담인 듯 들렸지만, 나는 아무런 대답 없이 고개만 끄덕였다.

권사님은 본 교회 목사님의 장모님이셨다.

그분은 뉴욕 맨해튼에서 법률사무소에 다니는 자기 딸을 빨리 시집보내고 싶어 조급해하셨다.

마침 나와 가까운 친척 중 한국에서 편지가 자주 오는 청년이 있었다.

이마가 넓고 훤칠한 청년의 사진도 보여주었지만, 나는 흘려듣고 말았다.

누군가 나를 '착한 아가씨', '예쁜 꽃이 핀 얼굴'이라 말하며 중매를 서둘러도, 내 마음은 늘 멀찍이 있었다.

당숙모가 "이젠 시집갈 때가 되었다."며 좋은 사람 있느냐고 물으셔도, 그런 말조차 달갑지 않았다.

한 번은 목사님 사모님이 아는 청년이 있다며 선을 보자고 권했을 때, 나는 펄쩍 뛰며 거절했다. 사모님의 딸은 법률사무소에서 바쁜 업무에 지쳐 있었고, 결혼 생각은커녕 짜증부터 냈다. 그 바쁜 사무실에서 인도계 변호사는 수석 졸업자라는 자부심으로 늘 교만했고, 새로 온 한국 변호사는 반듯하고 부지런했지만, 휠체어에 의지해 출근하는 모습을 보면 괜히 마음이 아려왔다.

노 선생님께서는 어느 날 내게 이런 고민을 털어놓으셨다.

"직원 하나가 너무 불친절한데, 사람 구하기가 쉽지 않아… 참 고민이야."

그 말씀에 나도 모르게 고개를 끄덕였다. 어쩐지 마음이 통하는 순간이었다.

어느 날, 변호사님은 내게 표창장을 주셨다.
"3년간 결근 한 번도 없이 성실하게 일해줘서 고맙네."
그리고는 금일봉과 함께 월급 인상을 약속하셨다.
그 따뜻한 인정이 고마웠지만, 변호사님은 이내 짜증 섞인 목소리로 업무가 너무 많다고 푸념하셨다.
"이제 한국 변호사까지 채용했으니, 좀 나아지겠지." 하셨지만, 내 일이 오히려 더 늘었다.

그 변호사는 점심을 오더해야 했고, 서류를 떨어뜨리면 내가 허리를 굽혀 주워야 했다. 어느새 그의 수발까지 내 일이 되어버린 것 같아 마음이 복잡해졌다.

그가 비 오는 날 조용히 창밖을 보며 말하던 기억이 난다.

"Law school 졸업하고 곧바로 한국에 가지 않았다면, 아니, 친구랑 불법으로 술을 마시지만 않았어도…"

그는 남산에서 도망치다 떨어져 두 다리를 잃었다고 했다.

"그래도 머리는 다치지 않아서 핸디캡으로 일할 수 있는 게 감사하죠."

눈시울을 붉히는 그의 모습에 나도 가슴이 먹먹해졌다.

그와 함께 일하던 한국 변호사는 결국 큰 로펌으로 이직했고, 오래 함께하던 인도계 변호사는 점점 일을 미루는 일이 많아졌다. 내게 쏟아지는 업무에 점점 지쳐갈 무렵, 노 선생님이 다시 찾아오셨다.

"미스 오, 나와 함께 일하지 않겠어요?

여기보다 월급도 더 드릴 수 있고, 무엇보다 사람이 먼저인 곳이니까요."

그날 이후, 나는 퇴사를 고민하기 시작했다.

책상 서랍 속, 소송 서류를 차례로 정리하며 마음속으로 말했다.

'언젠가는 떠날 날이 오겠지.'

결혼도, 이직도, 인생의 많은 선택들이 어느 날 문득 내게 다가왔다가 이슬처럼 사라져간다.

딸과의 대화

크리스마스가 지나고 가게도 한결 한가해졌다.

오랜만에 숨 돌릴 여유가 생기니, 따뜻한 커피 한 잔과 함께 딸과 나누는 대화가 그렇게 편안할 수 없었다.

딸은 내게 친구처럼, 때로는 어른스럽게 허심탄회하게 말하곤 한다.

그날도 커피 향기 속에서 조심스럽게 이야기를 꺼냈다.

"엄마, 12월 27일에 미스터 김을 맨해튼에서 마지막으로 만났어요.

사실은 그날, 그분이 어떤 사람인지, 정말 진실을 고백할 줄 아는 사람인지 확인하고 싶었어요.

다이아몬드 사업에 대한 이야기, 금메달 수상 이력… 처음엔 호기심이 생기기도 했거든요."

딸은 그때의 자신이 어리석었노라, 솔직하게 고백했다.
"기혼자라도, 아이가 있어도, 인격이 괜찮다면 이해하려고도 했죠.
하지만 점점 이상한 낌새가 느껴졌어요. 데이트 중에도 자꾸 전화를 받았고, 마치 누군가에게 조정당하는 듯한 행동들… 결국 시민권자와 결혼해서 영주권을 얻으려는 사람이라는 걸 알았어요."

딸은 집요하게 파고들었다. 마치 형사 콜롬보처럼.
그날, 그는 호적초본을 돌려주고 돌아섰다.
그리고는 전화하면 받아주겠느냐는 말에, 딸은 단호하게 "잘못 건 전화인 줄 알고 끊을 거예요"라고 대답했다.
모든 것이 명확해졌기 때문이다.

"엄마, 미스터 김의 호적등본을 확인했어요.

부인은 살아 있었고, 지금도 아이들과 함께 살고 있었어요.
그리고 그는 한국에서 수배 중인 사람이었어요."
딸의 말에, 나는 속으로 놀라움을 감추지 못했다.

하지만 딸은 눈물 한 방울 흘리지 않았다.
냉정한 눈빛으로 마지막 인사를 건넸고, 동생과 조용히 저녁을 먹었다고 했다.

"마음속에 몰아치던 폭풍은, 이제 따뜻한 물로 씻어낸 것 같아요.
다 지나간 일로 만들고, 평화롭고 안전한 자리로 돌아가고 있어요."

딸은 나에게 조용히 말했다.
"엄마, 죄송해요. 너무 오래 끌었죠. 다이아몬드 사업에 대한 호기심에 눈이 어두워졌던 것 같아요. 아빠 말씀 듣고 빨리 정리했어야 했는데… 콜롬보처럼 끝까지 추적하다가 시간도 낭비하고,

마음도 다쳤어요."

나는 그저 딸의 손을 잡아주었다.
다행인 것은 그 모든 일이 친척들이나 지인들에게 알려지지 않았다는 것.
딸도 알고 있었다.
"엄마는 뭐든 완전히 확신이 서기 전까지는 말하지 않는 분이니까요."

나는 예전 생각이 났다. 법률사무소에서 일하던 시절, 결혼 사기를 당한 뒤 억울하게 소송까지 이어졌던 사람들. 딸도 그 일들을 떠올렸는지, 말끝을 흐렸다.

"엄마, 미스터 김…. 본성은 나쁘지 않은 사람 같아요. 그저 가난과 세상의 시달림 속에서, 억울한 일을 겪다가 결국 거짓을 입었겠지요. 그를 그렇게 몰고 간 사람도 있을 테고요. 살아있는 부인을 사망했다고 꾸며낸, 어리석은 연극이었겠죠."

딸의 말은 끝내 자비로 흘렀다.

"그래도, 엄마…. 기도해줘야 해요. 아빠는 전도자잖아요. 미스터 김도 가정으로 돌아가 부인과 아이들을 사랑하고, 건강한 가정을 이뤘으면 좋겠어요. 그 마음에서 악과 거짓을 몰아내고, 주님의 자비로 채우도록…. 기도하고, 용서해야죠."

나는 그 순간, 딸이 목사님의 딸이라는 사실을 다시금 떠올렸다. 신앙과 사랑, 진실에 대한 믿음을 잃지 않는 그 마음이 참 고마웠다.

"이번 일, 제 삶에 큰 교훈이 되었어요.
부모님이 아니었다면, 정말 위험했을지도 모르죠."

딸은 친구에게서 들은 이야기 하나를 덧붙였다.
"엄마, 친구가 말했어요. 남자가 예약한 식당에 따라가서 공짜 저녁 얻어먹다 큰일 당한 여자, 그게 자기 친구였다고요. 그 말

듣고, 저는 얼마나 가슴을 쓸어내렸는지 몰라요."

딸은 조용히 미소 지으며 말했다.
"저는 데이트할 때 식대도 서로 교대로 냈어요. 피해 주지도, 부담 주지도 않았어요. 이런 부끄러운 체험이지만, 다른 사람에게 도움이 될까 해서 공개해요."

나는 그 모습을 보며, 딸이 어른이 되었음을 느꼈다.
사랑 앞에 순수했고, 실망 앞에서 단단해졌으며, 믿음 안에서 성숙해졌다는 것을.

커피는 어느새 식어 있었지만, 그날 나눈 대화는 내 마음을 오래도록 따뜻하게 데워주었다.

작품해설

결혼의 조건은 사랑과 진실

- 김 순 진(문학평론가 · 고려대 미래교육원 교수)

작품해설

결혼의 조건은 사랑과 진실

김 순 진 (문학평론가 · 고려대 미래교육원 교수)

　결혼이란 무엇일까? 남녀의 만남일까? 집안 간의 만남일까? 조건 맞는 사람들과의 만남일까? 모두 맞는 말 같지만 모두 틀린 말이다. 결혼은 사랑을 전제로만 이루어져야 한다. 우리 부모님 세대들은 중매에 의해 결혼을 맺어왔다. 그래서 상대방의 성격과 가정환경, 경제적인 요인을 전혀 모르는 채 중매쟁이의 꼬임이 속아 결혼하였다. 한번 시집간 딸은 '출가외인'이라는 형벌 같은 풍습에 의해 이혼과 재혼이 제도적으로 제한되었고, 그 많은 농삿일과 베 짜는 일, 누에치는 일, 그리고 아궁이에 불을 땔 땔감을 마련하는 일부터 부족한 식량을 가지고 많은 식구들의 끼니를 해결해야 하는 광박관념을 강요당했다.

　이 수필집은 넌픽션, 실제로 일어났던 이야기를 바탕으로 써내려간 이야기다. 이 이야기는 딸아이의 결혼과정에서 사기당할 뻔했던 경험을 풀어낸 수필집으로 이민사회에서 일어날 법한 이야기다. 이민 사회에서 멋모르는 한국인들을 속이는 사람 또한 한국인이라고 한다. 사업사기, 대출사기, 취업사기, 승진사기, 결혼사기 등의 사기가 난무하는데 유인자 수필가는 그중에 대표적 사기의 단골 메뉴인 결혼사기에 휘말렸던 것 같다. 우리 한국 사람들의 인간성은 왜 그런가 싶겠지만, 사기라는 것이 비단 한국 사람들에게만 나타나는 현상은 아니다. 불로소득이나 일확천금을 꿈꾸고, 자신의 어려움을 해결하기 위해 남을 이용하는 마음이 작용하기 때문에 생기는 일인데, 당하는 사람 또한 상대방을 통해 불로소득이나 일확천금, 그리고 과년한 딸을 치워버리고 싶은 마음을 가지고 있었기 때문에 당하는 것이다. 그래서 사람은 욕심을 경계해야 한다.

　흔히 우리는 결혼을 일컬어 인륜지대사라고 말한다. 그만큼 결혼은 우리 인간의 삶을 성공하는 요인이 될 수 있지만, 쉽게 생각하고 접근해서 파혼에 이르고, 결국 인생까지 파탄이 나는 것을 우리는 자주 보아왔다. 딸의 나이가 과년하다는 이유나, 상대방의 경제력이 출중하다는 이유로 교제 기간을 축소하고, 서로에 대해 잘 알지 못하는 상태에서 결혼식부터 올리게 되는 과정 속에서 원만한 결혼생활은 문제를 야기할 수밖에 없어진다. 유인자 작가께서 딸아이의 결혼을 여러 가지 이유와 판단을 통해 파혼하게 된 것은 매우 잘한 일이다.

그럼 이쯤에서 만남과 파혼에 이르는 유인자 작가의 가정사를 들여다보면서 교훈을 얻어보자.

집으로 돌아오는 길, 남편이 조용히 물었다.
"미스터 김, 어떻게 생각해?"
나는 잠시 생각하다가 답했다.
"모든 게 사실이라면, 데이트를 몇 번 더 해보면 알게 되겠지요. 한 번 만남으로는 부족해요."

인연이란, 서로 숨김 없이 마음의 문을 여는 데서 비로소 시작되는 것. 결혼이란, 단지 조건이 맞는 것이 아니라, 서로를 향한 열린 마음 위에서 자라나는 게 아닐까.

오늘 저녁, 금강산의 따뜻한 테이블 위에서 그 조심스러운 시작이 조용히 피어오르고 있었다.

- 「금강산 식당에서의 만남」 부분

중매를 통해 알게 된 딸 은희의 신랑감 미스터 김은 외모가 준수하고 말발이 괜찮은 사람이다. 그러나 돌다리도 두들겨보고 건너라는 말이 있다. 처음 만난 사람이 아무리 외모가 출중하고, 자신의 뒷배가 든든하다고 말하더라도 그것을 말로만 믿어서는 안 된다. 특히 결혼에 대하여 대부분의 사람들은 일생에 단 한 번의 기회만 있을 뿐이라고 생각하지, '뭐, 실패하면 재혼하지?' 그렇게 생각하는 사람은 없다. 그러니까 유인자 작가의 말처럼 "인연이란, 서로 숨김 없이 마음의 문을 여는 데서 비로소 시작되는 것. 결혼이란, 단지 조건이 맞는 것이 아니라, 서로를 향한 열린 마음 위에서 자라나는" 것이 맞다. 자신을 온전히 드러내고, 진심을 보일 때 상대방은 그 진심을 읽는다. 대화라는 것은 그가 거짓말을 하는지 안 하는지 금방 알 수 있다. 어딘가 말이 많아지고 행동이 이상해지면 그 대화는 의심이 들 수밖에 없는 대화가 된다. 미스터 김처럼 자신이 처한 상황을 모면해볼 요량으로 상대방을 만나려 한다면, 상대방이 바보가 아닌 다음에야 어찌 의심하지 않을 수 있겠는가? 때문이 책의 페이지가 넘어갈수록 미스터 김에 대한 의심은 증폭돼간다. 그렇지만 유인자 작가 가족은 함부로 남을 의심하거나 깎아내리지 않는다. 그의 남편은 현직 목사님이고, 유인자 작가 역시 간호사여서 그들의 집안은 인텔리 집안이기 때문이다. 그래서 유인자 작가는 미스터 김을 더 지켜보기로 한 것이다.

"결혼 비용은 제가 모두 감당하겠습니다. 반지, 목걸이, 팔찌도 제 손으로 직접 만들어 드릴게요."
그 말이 채 끝나기도 전, 또다시 전화벨이 울렸다.

그는 전화를 받기 위해 자리를 비켰다.
"아니에요, 그냥 친구입니다."
멀찍이 떨어진 곳에서 짧게 통화한 후 자리로 돌아온 그에게 나는 조용히 물었다.

"여자 친구인가요? 애인이신가요?"

그는 아무 말 없이 눈을 피했고, 이후로는 전화가 울려도 받지 않았다.

그러곤 이내, 화장실에 다녀오겠다고 자리를 떴다.

그 순간 문득 스쳐가는 불길한 생각…. 데이트 중 이렇게 자주 걸려오는 전화, 그리고 말을 아끼는 태도. 혹시 무언가 숨기고 있는 것은 아닐까?

마음 한켠에 의심이 고개를 들었다.

(중략)

나는 대답 대신, 마음속 수많은 물음표를 안고 고개를 숙였다.

식사 중 자꾸 울리는 전화,

그때마다 어딘가로 사라지는 그의 모습.

정말 부인이 맞는 건 아닐까.

설마… 내가 영주권을 위한 수단은 아닐까?

— 「그날의 전화는 왜 그리 많았을까」 부분

미스터 김은 유인자 작가 가족에게 의심을 살만한 행동을 하고 있다. 목사이며 간호사인 유인자 작가의 부부가 남을 함부로 의심하고 그런 사람은 아니다. 물론 누구한테든 전화가 걸려올 수 있다. 그런데 결혼하겠다고 나온 남자가 정체모를 여성의 전화를 받는다면, 그것도 자꾸만 걸려온다면 그것을 의심하지 않을 상대방은 없다. 문명하게 호방한 어투로 상대방이 들을 수 있도록 투명성있게 전화를 한다면 문제는 달라진다. 예를 들어 금은방에 오는 손님이나 세탁소에 오는 손님과의 대화라면 "아, 그분이시군요. 제가 잠시 외근을 나왔어요. 내일 전화드리겠습니다."라고 분명한 어조로 통화를 하게 되지, 조심스레 전화를 받을 이유도, 여러 번 올 이유도 없다. 형제간이나 친구간에 온 전화도 그렇다. 만일 형제니 친구 중 누가 전화를 한다면 금방 "○○ 아니야, 반갑다. 무슨 일로 전화했어?"라고 이름을 불러대면서 투명성 있게 전화할 수 있을 것이다. 그런데 한 번 전화가 온 이유로도 끊임없이 벨이 울린다면, '아직 옆에 여자가 있구나'라는 의심을 할 수 있을 것 같다. 유인자 작가의 말처럼 "식사 중 자꾸 울리는 전화, 그때마다 어딘가로 사라지는 그의 모습."을 보면서 "정말 부인이 맞는 건 아닐까."라는 의심이 들기에 충분한 상황이다. 아직 이혼을 하지 않았거나 죽지 않은 상태에서 자기의 새로운 욕심을 위하여 중매쟁이를 동원하고, 우리 딸을 만나려고 하는 것은 아닐까, 그렇게 의심하게 된 유인자 작가는 이 사람이 자신의 딸을 이용해서 '미국의 영주권을 얻으려고 한 수작은 아닐까?'하는 합리적 의심을 하게 된다.

그러면서 여권을 묻는 말에는 모른다며, 미국 변호사가 가지고 있다고 했다.
확인을 해봐야겠다고 하면서, 만약 여권의 비자가 만료됐다면 약혼비자로 변경해야 한다고 덧붙였단다.

그러나 가장 결정적인 순간은 호적등본 이야기였다.
남편이 그것을 요청하자, 미스터 김의 얼굴색이 급격히 변했다고 한다.
그는 안절부절 못하며 식사도 제대로 하지 못했고, 눈에 보일 만큼 불안해 보였다고 했다.

"그때부터 뭔가 잘못됐다는 생각이 들었어."

남편은 그렇게 말했다.

미스터 김은 다음 날 오후 6시에 뉴저지 황해도 식당에서 서류를 가져오겠다고 했지만, 남편은 단호하게 말했다.

"굳이 식당까지 올 것 없이, 자네 사무실로 직접 가겠네."

그렇게 두 사람은 헤어졌고, 남편은 천천히 걸어오면서 많은 생각에 잠겼다고 했다.

그때 내가 그를 부르자, 그는 애써 표정을 바꾸어 보였던 것이다.

- 「침묵의 얼굴」 부분

미스터 김에게 한 번 의심을 사게 된 유인자 작가의 부부는 결국 미스터 김에게 한국의 호적등본을 요구하게 된다. 지금은 가족관계증명서라는 이름으로 그 명칭이 바뀌었지만, 호적등본에는 본인 성씨의 본과 부모의 이름, 형제들의 인적사항, 본인의 이혼이나 사별한 배우자의 제적 내용이 들어있다. 서로 오랜 시간을 두고 교제한 후 이뤄지는 결혼이 아니라 중매에 의한 결혼이라면 이렇게 결혼 전에 상대방에게 호적등본을 요구하는 것도 상대방을 확인하고 믿음을 가질 수 있는 좋은 방법이라 생각된다. 그리고 호적등본을 요구한 목사님과 유인자 작가에게 나도 모르게 박수가 나온다. 호적등본이란 가족의 내력이 모두 망라된 그 가문의 역사적인 기록이다. 언제 태어나고 언제 죽었으며, 언제 누구와 결혼하고, 언제 이혼했는지에 대한 상세한 날짜와 이름이 명확하게 기재되어 있다. 옛날에는 취직을 하면 꼭 호적등본을 첨부하게 되어 있었다. 그러나 지금은 주민등록등본이나 주민등록초본으로만 입사서류를 받는 회사가 대부분이다. 왜냐하면 인재를 선발하기보다는 전라도다 경상도다 해서, 일방적으로 한 지역의 인재를 우대하거나 폄회하는데 호적등본이 이용되는 시절이 있었다. 한때는 가족 중 한 사람이라도 북한으로 월북한 사람이 있으면 연좌제에 걸려 공무원이나 대기업에 취직을 하지 못하던 시절도 있었다. 나의 큰아버지가 6.25동란 전인 1949년 철원의 민주당 청년부장으로 강원도 도청소재지였던 원산에 갔다가 나오지 못해 지금까지 생사를 알 수가 없다. 할아버지는 화천군수를 하시다가 인민군에게 철사줄로 두 손을 묶인 채 총살당하였는데, 정부는 그것을 확인하지 않고 우리 가족을 연좌제로 묶어 취직을 제한했었다. 이제 어느 지역이 나쁘다는 편견은 버려야 한다. 여기서 유인자 작가의 가족들이 미스터 김에게 호적등본을 요구한 것은 지역적 편견이라기보다는 그 사람의 결혼동향을 살펴보고자 한 것으로, 참 지혜롭게 잘 판단했다는 생각이 든다.

중매를 섰던 미세스 리는 보험을 팔기 위해 그를 소개한 것일 뿐, 그의 과거에 대해선 제대로 알지 못했다.
믿을 만한 서류 하나 제시하지 않는 미스터 김.
첫눈에 반했다며 결혼비용을 모두 감당하겠다고 했지만, 깊은 사랑을 증명할 수 있는 건 아무것도 없었다.
나는 마음속에서 허우적거렸다.
무엇이 진짜인지, 어떤 결정을 내려야 할지 알 수 없었다.
독신으로 사는 사람들이 많아진 세상인데, 왜 부모들은 결혼을 인생의 필수처럼 여기는 걸까.
결국, 나는 단호해졌다.
"호적등본을 보여주시지 않으면 결혼은 어렵습니다."
그날 이후, 매주 만나던 그의 연락이 뚝 끊겼다.

그는 전화를 피했고, 나는 상상 속에서 그와 통화하는 장면을 그려보았다.

"여보세요?"

내 목소리에 반가워하던 그의 음성은, "결혼은 어려울 것 같다"는 내 말에 곧장 바뀌었다.

아무 말 없이, "쌩큐."

그리고 수화기를 땅, 하고 끊었다.

너무 싱거웠다.

내가 이토록 고민하고 망설이며 내린 결정을, 그저 한마디로 끝내다니.

그가 정말 상처한 남자인지, 아니면 시민권자를 만나 영주권을 얻으려는 속셈이었는지…

의심은 더 깊어졌다.

엄마는 말했다.

"엄마 후배 간호원이 상처한 사람이라 믿고 결혼했는데, 알고 보니 본처가 있었단다. 결국 딸 하나 남기고 헤어졌지."

그 이야기가 떠올랐고, 나는 안도의 한숨을 내쉬었다.

호적등본을 고집했던 엄마의 말씀이 옳았다.

그리고 그 수상한 흔적들을 외면하지 않았던 내 촉도 틀리지 않았다.

- 「결혼의 갈림길에서」 부분

유인자 작가의 딸 은희 역시 매우 샤프한 사람이다. 이 글은 결혼 당사자인 은희의 입장에서 쓴 글이다. 은희는 미스터 김과 미팅에서 한 대화를 모두 녹음하여 부모님인 유인자 작가 부부한테 들려준다. 그는 아내가 사망하여 재혼하는 것이라고 했지만, 은희의 생각은 다르다. 은희는 지금 미스터 김의 아네가 살아있을 것이라 추정한다. 그리고 호적등본을 보여주지 못하는 미스터 김에게 "호적등본을 보여주시지 않으면 결혼은 어렵습니다."라고 말했고, "결혼은 어려울 것 같다"는 은희의 말에 곧장 바뀌어 "아무 말 없이, '쌩큐.' 그리고 수화기를 땅, 하고 끊"는다. 자기의 사기가 먹혀들어가지 않는 사기꾼들의 일반적인 수법이다. 사기꾼들은 자신의 이들을 위해 집요하게 파고들다가도 자신의 실체가 드러나고, 자신이 필요로하였던 소기의 목적을 달성하기 어렵겠다 싶으면 언제든 너무나 쉽게 포기하며 줄행랑을 놓는다. 꼬리가 길면 잡힌다는 말을 너무나 잘 알고 있기 때문이다. 더욱 기가 막히는 일은

"중매를 섰던 미세스 리는 보험을 팔기 위해 그를 소개한 것일 뿐, 그의 과거에 대해선 제대로 알지 못했다."는 사실이다. 게다가 "믿을 만한 서류 하나 제시하지 않는 미스터 김."이다. 그는 상처한 남자가 아니고 딸의 의심처럼 "시민권자를 만나 영주권을 얻으려는 속셈이었"을 것이다. 사기꾼들에게는 공통적인 특징이 있다. 상대방에게 부담스럽도록 친절하다. 그리고 만난 지 얼마 안 되었음에도 엄청 친한 것처럼 신뢰를 과시한다. 그리고 자신의 상황을 부자처럼 매우 잘 미화해서 상대방을 현혹시킨다. 그렇기 때문에 서로의 대화에는 큰 관심이 없으며 자신의 입장과 목적만을 관철시키려 한다. 대부분의 사람들에게는 그게 잘 먹혀들지 않기 때문에 허세를 부리기도 한다. 그리고 일방적으로 연락을 끊거나 행적이 투명하지 못하다. 딱 미스터 김 같은 유형이 사기꾼의 유형이다. 그런 사람이 어떤 사람인지 오랜 삶의 경험으로 잘 판단한 유인자 작가 가족에게 응원의 박수를 보내드린다.

그 말 속엔 자신감이 묻어 있었다.
"제 초본에 부인 이름이 없는 걸 보셨지요? 그럼 된 겁니다. 초본이면 충분해요."

그는 초본 하나로 모든 것이 정리될 수 있다는 듯 결혼을 서둘렀고, 결혼 비용에 대해서도 걱정 말라며, 이미 신부 패물까지 준비되어 있다고 했다.

"예식 장소는 두 곳 중 고르세요.
금강산 예식장은 삼만 불쯤 들지만, 제가 다니는 교회에서 하면 훨씬 저렴합니다.
둘 중 어느 쪽이든 은희 양이 편하신 대로 하시면 됩니다."
그는 모든 걸 준비했다는 듯 말을 쏟아냈지만, 그 말끝은 마치 소낙비처럼 조급하고 단단했다.
나는 간신히 "네, 알겠습니다."하고 답했다.
나는 조심스럽게 물었다.
"부인 사망 원인은 무엇인가요?"
그는 잠시 뜸을 들이다 대답했다.
"일본에서 함께 살다가, 아이들 교육 문제로 부인이 먼저 한국에 들어갔어요.
워낙 술을 좋아하던 사람이라…, 술에 취한 채 운전을 하다가, 마찬가지로 술에 취한 남성과 충돌해 함께 사망했어요. 그때 나는 일본에 체류 중이라 장례식에도 참석하지 못했습니다."
그의 말을 듣는 순간, 내 귓가엔 '펑' 하고 무언가 터지는 소리가 울렸다.

이미 한국에 조회를 통해 모든 사실을 알고 있었기에, 끝까지 나를 속이려는 그 거짓말이 더욱 분노를 일으켰다.

'아니, 어떻게…. 어떻게 여기까지 와서도 거짓으로 포장할 수 있단 말인가.'

입안에서 치밀어 오르는 말들이 목까지 올라왔다.

"네 부인은 살아있어. 아이들과 함께 지내고 있고, 네 부인이 널 경찰에 신고했어. 넌 한국에서 가출자요, 수배 중인 행방불명자야."

이 말을 꾹 눌러 삼키기 위해 입술을 깨물고, 손바닥으로 입을 막았다.

그리고는 그의 얼굴을 정면으로 응시했다.

그는 눈을 나에게 고정시키고 깊은 한숨을 내쉬었다.

"어릴 때 가난해서 배고팠어요. 살기 위해 기술을 배웠고… 미국엔 좀 나아지려고 온 건데… 날 용서해줄 수 있나요?"

나는 조용히 대답했다.

"진실한 고백이 있을 때, 용서도 의미가 있습니다."

그는 갑자기 붉어진 얼굴로 정색하며 물었다.

"은희 양, 성경 읽고 계세요?"

"예. 제 생활은 말씀과 기도로 이어집니다."

- 「침묵의 얼굴」 부분

 이 글 역시도 은희 양의 입장에서 쓴 글이다. 은희의 가족들은 이미 한국에 전화를 해봐서 미스터 김의 아내가 죽지 않았다는 것도 알고 있었고 더구나 그의 아내가 아이들과 함께 지내고 있고, 그 부인이 그를 경찰에 신고한 것도 알고 있었다. 그래서 그가 한국에서 가출자요, 수배 중인 행방불명자라는 것도 알고 있었는데, 그는 아직도 태연하게 은희 앞에서 그의 아내가 술을 좋아해서 술을 마시고 운전을 하고 가다가 술에 취한 운전자와 정면으로 부딪혀 교통사고로 죽었다는 터무니 없는 거짓말을 늘어놓고 있었을 때 은희 양의 마음은 어떠했을까? 정말 가증스러운 한 인간의 단면을 보았을 것 같다. 미스터 김은 완벽한 거짓말쟁이다. 거짓말쟁이들은 상대방의 관심을 끌기 위해 자신의 처지가 매우 가난하고 어려웠음을 강조한다. 그리고 여기서의 경우처럼 아내가 몹쓸 여자로 자기가 고통을 받고 살았음을 은연중에 유도함으로써 상대방으로 하여금 측은지심을 이끌어낸다. 일반적으로 거짓말쟁이들은 자기의 말이 탄로날까봐 상대방과 눈을 마주치지 않으며 대화를 하는 수가 많다. 억지로 미소를 짓거나 웃음을 유발하기도 한다. 또한 거짓말쟁이들은 앞뒤가 맞지 않은 모호한 말을 늘어놓거나 유식한 척 모르는 말을 늘어놓기도 한다. 거짓말쟁이들은 또한 어떤 질문을 받을 때 "내가 그렇게 나쁜 사람으로 보이느냐?"며 오히려 큰 소리를 치거나 맞지도 않는 법적 절차 등으로 상대방을 억누르려 한다. 미스커 김의 일련의 상황들을 보아 그는 매우 교활한 거짓말쟁이다. 휩쓸리지 않고 잘 헤쳐 나온 유인자 작가의 가족에게 안도감이 든다.

딸은 나에게 조용히 말했다.
"엄마, 죄송해요. 너무 오래 끌었죠. 다이아몬드 사업에 대한 호기심에 눈이 어두워졌던 것 같아요.
아빠 말씀 듣고 빨리 정리했어야 했는데… 콜롬보처럼 끝까지 추적하다가 시간도 낭비하고, 마음도 다쳤어요."

나는 그저 딸의 손을 잡아주었다.
다행인 것은 그 모든 일이 친척들이나 지인들에게 알려지지 않았다는 것.
딸도 알고 있었다.

"엄마는 뭐든 완전히 확신이 서기 전까지는 말하지 않는 분이니까요."

나는 예전 생각이 났다. 법률사무소에서 일하던 시절, 결혼 사기를 당한 뒤 억울하게 소송까지 이어졌던 사람들. 딸도 그 일들을 떠올렸는지, 말끝을 흐렸다.

"엄마, 미스터 김…. 본성은 나쁘지 않은 사람 같아요. 그저 가난과 세상의 시달림 속에서, 억울한 일을 겪다가 결국 거짓을 입었겠지요. 그를 그렇게 몰고 간 사람도 있을 테고요. 살아있는 부인을 사망했다고 꾸며낸, 어리석은 연극이었겠죠."
딸의 말은 끝내 자비로 흘렀다.

"그래도, 엄마…. 기도해줘야 해요. 아빠는 전도자잖아요. 미스터 김도 가정으로 돌아가 부인과 아이들을 사랑하고, 건강한 가정을 이뤘으면 좋겠어요. 그 마음에서 악과 거짓을 몰아내고, 주님의 자비로 채우도록…. 기도하고, 용서해야죠."

나는 그 순간, 딸이 목사님의 딸이라는 사실을 다시금 떠올렸다. 신앙과 사랑, 진실에 대한 믿음을 잃지 않는 그 마음이 참 고마웠다.

- 「딸과의 대화」 부분

　유인자 작가의 딸 은희 양은 미스터 김과의 결혼과정을 결국 파혼으로 정리했다. 그러나 정말 잘한 일이다. 그런데 유인자 작가의 딸은 "엄마, 미스터 김…. 본성은 나쁘지 않은 사람 같아요. 그저 가난과 세상의 시달림 속에서, 억울한 일을 겪다가 결국 거짓을 입었겠지요. 그를 그렇게 몰고 간 사람도 있을 테고요. 살아있는 부인을 사망했다고 꾸며낸, 어리석은 연극이었겠죠."라고 하면서 일련의 중매과정에 대해 큰 경험을 했으며, 크게 당할 뻔 하면서도 사람을 미워하지 않는 지혜와 믿음 앞에서 감동이 밀려올라온다. 그리고 "그래도, 엄마… 기도해줘야 해요. 아빠는 전도자잖아요. 미스터 김도 가정으로 돌아가 부인과 아이들을 사랑하고, 건강한 가정을 이뤘으면 좋겠어요. 그 마음에서 악과 거짓을 몰아내고, 주님의 자비로 채우도록… 기도하고, 용서해야죠."라는 은희 양의 말을 듣고 나는 진실로 믿는 자는 다르다는 생각을 해본다. 나 역시 믿는 자녀로서 하나님께서 "원수도 사랑하라."하셨으니, 유인자 작가의 가족이 그때 그렇게 하나님의 사랑을 실천하였기 때문에 오늘의 행복이 있었고, 이러한 좋은 간증집 같은 수필집이 세상에 선보이게 될 수 있었음을 말씀드리고 싶다.

결혼에는 초혼이 있고 재혼이 있으며 요즘에는 세 번 네 번 결혼하는 사람들도 많아졌다. 한쪽은 초혼이고 한쪽은 재혼 삼혼의 경우도 있다. 그것은 단순히 횟수로만 따질 때의 방법이다. 장애가 있는 사람과 비장애인의 결혼도 있고 아버지나 어머니 또래의 나이 많은 사람과 나이 적은 사람의 결혼도 있다. 흑인이나 백인과의 결혼도 있고 스승과 제자의 결혼도 있다. 결혼하는 방법에는 여러 가지가 있다. 연애결혼이 있고 중매결혼이 있다. 중매결혼은 요즘 말로 소개팅이다. 친구가 소개해주는 것만을 소개팅이라 하지 않는다. 이모가 소개해주든 선배가 소개해주든 아무 상관이 없다.

결혼까지 가려면 서로를 알아갈 수 있는 숙려의 교제기간이 필요하다. 그를 통해 사랑이 싹트고 서로를 배려하면서 사랑이 무르익을 때 결혼을 생각하는 게 정답이다. 유인자 작가가 이 수필집에서 말하려고 하는 것은 결국 '사랑을 전재로 한 결혼관'이다. 인간의 궁극적인 목표는 얼마나 돈을 버느냐가 아니라 오직 얼마나 아름다운 사랑을 하며 사느냐다. 손가락질받는 사이가 되어서는 안 된다. 주변과 후세들에게 존경하고 배우며 따르는 결혼생활이 중요하다. 그런 사랑의 결혼생활은 상대방을 배려하고 이해하려는 마음가짐에서부터 시작된다. 누구를 사기 치려는 마음은 결국 자신이 그 상황에서 모면할 수는 있겠지만, 종국에는 패배자가 될 수 있음을 유인자 작가는 이 수필집에서 경고하고 있는 것이다.

유인자 제2수필집

햇빛과 소낙비

초판인쇄일 2025년 7월 25일
초판발행일 2025년 7월 31일

지은이 : 유인자
발행인 : 김순진
편집장 : 전하라
디자인 : 김초롱
펴낸곳 : 문학공원
등 록 : 2004년 3월 9일 제6-706호
주 소 : 우편번호 03382 서울 은평구 통일로 633
        녹번오피스텔 501호 스토리문학사
전 화 : 02-2234-1666
팩 스 : 02-2236-1666
홈페이지 : https://blog.naver.com/ksj5562
이메일 : 4615562@hanmail.net

※ 책값은 뒤표지에 있습니다.
※ 저자와의 협의에 의해, 인지는 생략합니다.